Autor _ SCHILLER

Título _ CULTURA ESTÉTICA E LIBERDADE

Copyright _ Hedra 2009
Tradução© _ Ricardo Barbosa
Corpo editorial _ Alexandre Barbosa, Bruno Costa, Caio Gagliardi, Fábio Mantegari, Iuri Pereira, Jorge Sallum, Oliver Tolle, Ricardo Martins Valle, Ricardo Musse

Dados _ Dados Internacionais de Catalogação na Publicação (CIP)

Cultura estética e liberdade / Schiller, Friedrich von (organização e tradução Ricardo Barbosa) – São Paulo : Hedra : 2009 Bibliografia.

ISBN 978-85-7715-110-3

1. Filosofia alemã I. F. Schiller CDD-193

Índice para catálogo sistemático:
1. Filosofia alemã 193

EDITORA HEDRA LTDA.
Endereço _ R. Fradique Coutinho, 1139 (subsolo) 05416-011 São Paulo SP Brasil
Telefone/Fax _ (011) 3097-8304
E-mail _ editora@hedra.com.br
Site _ www.hedra.com.br
Foi feito o depósito legal.

Autor _ SCHILLER
Título _ CULTURA ESTÉTICA E LIBERDADE
Organização e tradução _ RICARDO BARBOSA
São Paulo _ 2014

Johann Christoph Friedrich von Schiller (Marbach am Neckar, 1759–Weimar, 1805) é, ao lado de Goethe, o poeta maior da língua alemã. Em 1780 conclui a sua formação acadêmica, obtendo o título de médico militar, profissão que jamais chegará a exercer. Um ano depois conclui a redação da peça *Os bandidos*, que teve a sua primeira montagem no teatro da cidade de Mannheim. Schiller é aclamado pelo público, mas o conteúdo revolucionário da obra lhe custa duas semanas de reclusão. As dificuldades financeiras para se manter como escritor o obrigam a aceitar trabalhos por encomenda de editoras. A sua saúde não resiste à intensa rotina de trabalho e é vítima de graves enfermidades pulmonares. Com a nomeação para o cargo de professor de história em Jena no ano de 1789 passa a ter uma vida menos instável. Dentre a sua vasta produção intelectual vale citar, na lírica, *Canção do Sino* (1790); na dramaturgia, *Dom Carlos* (1788) e a trilogia *Wallenstein* (1799); na filosofia, *Sobre a educação estética do homem* (1795) e *Sobre poesia ingênua e sentimental* (1795); na história, *História da Guerra dos Trinta Anos* (1790); além de diversas traduções e romances. Schiller falece aos 45 anos vitimado de tuberculose.

Cultura estética e liberdade reúne o essencial da correspondência entre Schiller e o Príncipe de Augustenburg no período de fevereiro a dezembro 1793. Ela antecipa o conteúdo de *Sobre a educação estética do homem numa série de cartas*, considerado o texto mais importante de Schiller sobre filosofia e estética. A partir do princípio kantiano de que o belo não pode formar moralmente os homens ou predispô-los para a virtude, já que a conduta moral é uma escolha unicamente racional, Schiller desenvolve aqui a teoria de que o belo conforma os homens à sociabilidade. O gosto é, portanto, a faculdade no homem capaz de unificar sensibilidade e entendimento puro, que em seus extremos são avessos ao convívio social e à comunicabilidade entre os homens. Assim, apesar de ineficaz para tirar o homem do estado em que predominam as paixões sensíveis e elevá-lo à moralidade, o desenvolvimento do belo se mostra como a via capaz de propiciar harmonia ao mesmo tempo no individuo e na sociedade.

Ricardo Barbosa é doutor em filosofia pela Pontifícia Universidade Católica do Rio de Janeiro (PUC-RJ), com pós-doutorado pela Universidade Livre de Berlim e pelo Arquivo Alemão de Literatura / Museu Nacional Schiller. É professor adjunto do Departamento de Filosofia da Universidade do Estado do Rio de Janeiro e autor de *Dialética da reconciliação. Estudo sobre Habermas e Adorno* (Uapê, 1996) e *Schiller e a cultura estética* (Jorge Zahar, 2004). Traduziu, de Friedrich Schiller, *Kallias ou sobre a beleza. A correspondência entre Schiller e Körner, janeiro-fevereiro de 1793* (Zahar, 2002) e *Fragmentos das preleções sobre estética do semestre de inverno de 1792–93* (UFMG, 2004).

SUMÁRIO

O QUE O LEITOR tem aqui em mãos é a parte propriamente *filosófica* do que foi conservado da correspondência entre Friedrich Schiller e o Príncipe dinamarquês Friedrich Christian von Schleswig-Holstein-Sonderburg-Augustenburg: as cartas trocadas entre fevereiro e dezembro de 1793. Elas constituem a primeira versão de *Sobre a educação estética do homem numa série de cartas*, a obra teórica mais importante e conhecida de Schiller. Seja pelo diálogo crítico com o pensamento kantiano, particularmente com a *Crítica da faculdade do juízo*, seja pela capacidade de estender esse diálogo à problemática da instituição política da liberdade, unindo pela primeira vez o estético e a razão prática sob o signo das exigências da *Aufklärung* e da Revolução Francesa, essa correspondência poderia reivindicar por si mesma um lugar de destaque entre os escritos clássicos que marcaram a gênese da estética como uma disciplina filosófica autônoma e da consciência crítica da modernidade.[1] Além disso, estas cartas possuem um significado muito especial de um ponto de vista sociológico: elas documentam amplamente um mecenato irredutível aos padrões de tutela, servilismo e autopromoção tantas vezes vigentes nas relações entre os artistas e seus protetores. Nascido de um gesto absolutamente gratuito, esse mecenato revelou-se desde o início como um mecenato *esclarecido*.

I

As circunstâncias que deram origem a essa correspondência remontam a um conhecido episódio da biografia

[1]Para uma interpretação dessa correspondência, cf. R. Barbosa, *Schiller e a cultura estética*. Rio de Janeiro: Zahar, 2004. A presente introdução concentra-se nas conjunturas biográfico-intelectuais que condicionaram a gênese das cartas ao Príncipe de Augustenburg e de sua versão final.

de Schiller.[2] Embora o sucesso de sua primeira peça teatral, *Os bandidos*, encenada em Mannheim, em 1781, o tivesse tornado subitamente famoso, projetando seu nome na cena artística alemã e dos países vizinhos, nada disso reverteu em proveito da melhoria de suas péssimas condições de existência: nos dez anos seguintes, o autor consagrado de *A conspiração de Fiesko em Genova* (1783), *Intriga e amor* (1784) e *Dom Carlos* (1787) permaneceria dividido entre o desejo de viver *para* a literatura e a dura necessidade de sobreviver *dela*. Obrigado a trabalhar para livreiros e editores, organizando antologias, calendários e revistas, Schiller desdobrava-se como publicista, poeta, autor dramático e mesmo como historiador.[3]

Com a repercussão do primeiro volume de sua *História da insurreição da Holanda contra o governo espanhol* (1788), Schiller foi surpreendido por um convite para lecionar história e filosofia nada menos que na Universidade de Jena. Este convite resultara da influência de Goethe, de quem Schiller ainda não era amigo. Inseguro diante do ingresso na vida acadêmica, temendo que seus ouvintes estivessem mais familiarizados do que ele com a história universal, Schiller porém acreditava que este passo ao menos riscaria o seu nome da "lista dos vagabundos literários".[4] Uma vez em Jena, para onde se mudou em 11 de maio de 1789, ele

[2]Para as informações seguintes, cf. H. Schulz, *Schiller und der Herzog von Augustenburg in Briefen*. Jena: Eugen Diederichs, 1905; B. v. Wiese, *Schiller. Einführung in Leben und Werk*. Stuttgart: Reclam, 1968; F. Burschell, *Schiller*. Hamburgo: Rohwolt, 1958; B. Zeller (org.), *Schillers Leben und Werk in Daten und Bildern*. Frankfurt: Insel, 1966; N. Oellers, *Schiller*. Stuttgart: Reclam, 1993, Peter-André Alt, *Schiller – Leben, Werk, Zeit. Eine Biographie*. 2 vols. Munique: Beck, 2004.

[3]Cf. H. Fröhlich, "Schiller und die Verleger", in H. Koopmann (org.), *Schiller-Handbuch*. Stuttgart: Kröner, 1998.

[4]Carta de Schiller a Johann Rudolf Zumsteeg, Weimar, 10 de dezembro de 1788 ou março de 1789. Pesam dúvidas sobre a autenticidade desta carta. Cf. F. Schiller, *Werke. Nationalausgabe*, vol. 25, *Briefwechsel. Schillers Briefe 1. 1. 1788 – 28. 2. 1790*, edição de Eberhard Haufe. Weimar: Hermann Böhlaus Nachfolger, 1979, p. 640. Iniciada em 1943, a *Nationalausgabe* é a principal edição crítica das obras de Schiller. É costume citá-la abreviadamente pela sigla

alugou uma moradia mobiliada na Schrammrei, um bairro estudantil, e pela primeira vez na vida teve a sua própria escrivaninha, "meu móvel mais importante",[5] na qual chegaria a passar até quatorze horas diárias preparando suas preleções, além de inúmeros trabalhos como publicista, pois seu posto universitário, como de costume, ainda não era remunerado.

Ao saber que Schiller ficara noivo de Charlotte von Langefeld, o Duque de Weimar, Karl August, a quem a universidade estava subordinada, ordenou-lhe um fixo de 200 táleres anuais. Ao mesmo tempo, e como uma espécie de compensação por vencimentos tão modestos, o Duque de Meiningen concedeu-lhe o título de *Hofrat*, conselheiro áulico, o que lhe dava o direito de acrescentar o "von" antes do seu nome de família. "Cresci uma sílaba desde alguns dias", disse Schiller ironicamente a Körner, numa carta de 13 de janeiro de 1790.[6] A 22 de fevereiro, Schiller casou-se com Charlotte. Suas cartas dessa época revelam sentimentos de forte confiança em si mesmo e no futuro, além de um grande esforço para corresponder às expectativas suscitadas pelo êxito impressionante de sua preleção inaugural, "O que significa e com que fim se estuda a história universal?", proferida a 26 de maio de 1789 para uma audiência que lotara o maior auditório da universidade.

Contudo, o clima de felicidade pessoal e sucesso profissional foi bruscamente perturbado no inverno de 1790–91. Sentindo-se enfraquecido já enquanto trabalhava na *História da Guerra dos Trinta Anos*, Schiller sofreu a primeira crise da doença pulmonar que o mataria em 1805. A convite de Karl Theodor von Dalberg, viajou com a mulher para Erfurt. Numa seção da Academia Principesca das Ciências Úteis, em que se comemorava sua admissão como membro,

NA, indicando-se em seguida o volume etc. Observo esta convenção inclusive nas notas à tradução da correspondência.

[5]Carta de Schiller a Körner, Jena, 13 de maio de 1789. *NA* 25, 254.

[6]*NA* 25, 394.

foi vítima de um violento ataque de febre, do qual só se recuperou alguns dias depois. Já em Jena, a febre retornou. Em seus acessos de tosse, Schiller começou a expelir um misto de sangue e pus. Dispensado de suas atividades universitárias para o semestre de verão, convalesceu com dificuldades, aproveitando os momentos passáveis para uma tradução livre da *Eneida*. Foi também nessa ocasião que começou a estudar uma obra que Kant acabara de publicar e à qual voltaria várias vezes no futuro próximo: a *Crítica da faculdade do juízo* (1790). Este estudo de Kant foi logo interrompido. Ao final de março, Schiller viajou para Rudolstadt, cujo clima era melhor. Em maio, sofreu a terceira e mais dura crise, que o deixou literalmente à beira da morte. A conselho médico, partiu com sua mulher, a cunhada e um médico assistente para um repouso de quatro semanas, entre julho e agosto de 1791, em Karlsbad, seguindo depois para Erfurt, onde ficou em recuperação até o início de outubro.

Em meados de 1791, as notícias sobre o péssimo estado de saúde de Schiller se espalharam confusamente. Com as crises sucessivas e as diversas viagens em busca de climas e condições mais favoráveis ao seu restabelecimento, partiram de Erfurt rumores de que Schiller falecera. Na verdade, ao final de sua estadia nessa cidade ele já se sentia capaz de trabalhar na segunda parte da *História da Guerra dos Trinta Anos*, concluída em Jena com enorme esforço. Suas preocupações financeiras, no entanto, também o absorviam: a doença lhe custara até o momento 1400 táleres. Por sugestão de Dalberg, Schiller recorreu a Karl Theodor, mas ele pôde contribuir com apenas 250 táleres. A ajuda tão necessária quanto inesperada viria de outra parte.

Veiculada a 8 de junho pelo *Oberdeutsche Allgemeine Literaturzeitung*, a notícia da "morte" de Schiller logo chegou à Dinamarca, deixando inconsolável o jovem poeta, crítico e professor universitário Jens Baggesen. Em companhia de sua mulher, Sophie, e de um pequeno grupo de amigos, entre os quais o Conde e a Condessa von Schimmelmann, com os quais veraneava, Baggesen chegou a organizar uma homenagem póstuma a Schiller no belo cenário costeiro de Hellebeck. Ela se estendeu por três dias, nos quais entoaram a "Ode à alegria" e leram em voz alta trechos de *Dom Carlos* e do escrito sobre a história da Holanda, "Os deuses da Grécia" e "Os artistas", ladeados por rapazes e moças vestidos de branco como pastores, ornamentados com flores e dançando ao som de instrumentos de sopro. Essa homenagem foi minuciosamente descrita pelo próprio Baggesen numa carta ao filósofo Karl Leonhard Reinhold, de junho de 1791. Ele queria detalhes sobre a "morte" de Schiller e pedia a Reinhold que escrevesse algo como um perfil, uma *Charakteristik* do poeta.[7]

Enviado pelo seu protetor, o Príncipe de Augustenburg, para uma viagem pela Alemanha, França e Suíça, Baggesen fora apresentado a Schiller em Jena, no verão de 1790, por Reinhold, também professor na universidade, a quem conhecera pouco antes, em Weimar, na casa de Wieland. O boato da morte de Schiller foi finalmente desfeito por Reinhold numa carta a Baggesen de 18 de junho de 1791. Por sua vez, Baggesen escreveu ao Príncipe de Augustenburg no dia 25, referindo-se com humor e alívio ao "falecido, agora graças a Deus ressuscitado, Schiller".[8] E quando soube que Schiller repousaria em Karlsbad entre julho e agosto, Baggesen imaginou que o Príncipe, então na Alemanha, poderia encontrá-lo, mas ambos nunca chegariam a se conhecer pessoalmente. Nas três vezes em que o Príncipe esteve com Reinhold falaram muito sobre Schiller. A propósito destas conversas, o Príncipe escreveu a von Schimmelmann: "O excesso de trabalho o enfraqueceu, e este trabalho excessivo é necessário para que ele possa custear a vida de sua família. Sem isto ele morreria de fome no sentido mais próprio da palavra – e tal coisa acontece na época do esclarecimento".[9]

Numa carta a Baggesen, de 16 de setembro de 1791,

[7]H. Schulz, *Schiller und der Herzog von Augustenburg in Briefen*, pp. 12–9.
[8]Ibid., p. 19.
[9]Ibid., p. 20.

Reinhold dizia que Schiller passara alguns dias em Jena depois de sua volta de Karlsbad, mas que o seu estado ainda não era bom, que estava insatisfeito com o seu médico e que considerava um bom sinal o simples fato de não ter piorado com os banhos. "Suas vísceras estão, como eu temia, irremediavelmente arruinadas. No entanto, ele trabalha, por necessidades espirituais não menos do que talvez também por necessidades econômicas, na continuação da história da Guerra dos Trinta Anos. Por ocasião de sua visita, comuniquei-lhe vossa carta relativa a ele e à sua suposta morte, e duvido se algum medicamento agiu sobre ele de modo mais salutar. Tive de ler para ele vossas outras cartas e, pela expressão de sua face, ele afirmava que não posso vos conhecer melhor, nem vos estimar mais altamente nem vos amar mais profundamente do que ele. Devo vos dizer que suas exéquias em Hellebeck proporcionaram-lhe um prazer impronunciável. À noite, estive em sua casa com o restante do nosso pequeno círculo. Sua mulher chamou-me à parte. 'Se vós escreverdes a Baggesen', ela disse, 'então dizei a ele – dizei a ele – escrevei a ele –' e um rompante de lágrimas afogou sua voz, que ela não pôde recuperar até que lhe disse que não poderia escrever a Baggesen nada mais instante, comovente e interessante do que o que teria acabado de ver e ouvir dela. Sentia-me incapaz de lhe dizer mais uma palavra sobre este assunto, e falamos de outras coisas."[10]

De volta a Copenhague com o Príncipe, Baggesen recebeu uma nova carta de Reinhold, de 17 de outubro. Ele dizia que Schiller passava "razoavelmente bem" e poderia até reaver sua saúde, caso estivesse em condições de suspender todas as suas atividades. "Mas sua situação não permite isto", lamentava Reinhold. "Schiller tem como rendimento fixo não mais do que eu, ou seja, 200 táleres, dos quais não sabemos, quando estamos doentes, se devemos enviá-

[10]Ibid., pp. 20–1.

los para a farmácia ou para a cozinha."[11] O conhecimento dessa carta foi decisivo para que o Príncipe se dispusesse a socorrê-lo e, via Baggesen, contasse com a solidariedade de Schimmelmann. "Depois de uma madura reflexão, acho que o melhor é se vós, querido Baggesen, quisésseis ser o intercessor de Schiller na casa de Schimmelmann. Seria preciso assegurar a Schiller um rendimento tal que ele carecesse diariamente apenas de um trabalho moderado para ter inteiramente o bastante para viver. Não vejo a possibilidade de oferecer-lhe logo de início um serviço público, o Estado não pode, pois, contribuir em nada para aquele propósito; o que acontecesse teria de acontecer através de pessoas privadas. Schimmelmann estaria disposto a contribuir anualmente para isto por uma certa série de anos? Esta é a pergunta cuja resposta desejaria receber de vós."[12] Como a resposta fora positiva, uma carta escrita pelo Príncipe a 27 de novembro de 1791, assinada por ele e Schimmelmann, chegou às mãos de Schiller poucos dias depois.

"Dois amigos, unidos pelo senso cosmopolita, lavram esse escrito a vós, nobre homem! Ambos vos são desconhecidos, mas ambos vos veneram e amam. Ambos admiram o alto voo do vosso gênio, que pôde estampar diversas de vossas obras mais recentes[13] como as mais sublimes entre todos os fins humanos. Eles encontram nestas obras o modo de pensar, o sentido, o entusiasmo que ata o fio de sua amizade, e em sua leitura acostumaram-se à ideia de ver o autor das mesmas como membro de sua aliança de amizade. Assim, foi grande a sua tristeza pela notícia de sua morte, e suas

[11]*NA* 26, *Briefwechsel: Schillers Briefe* 1. 3. 1790 – 17. 5. 1794, edição de Edith Nahler e Horst Nahler, 1992, p. 570.

[12]H. Schulz, *Schiller und der Herzog von Augustenburg in Briefen*, p. 23.

[13]Provavelmente o drama *Dom Carlos* (1787), os poemas 'Os deuses da Grécia' (1788) e 'Os artistas' (1789), bem como os dois primeiros livros da *História da Guerra dos Trinta Anos*, publicados no *Calendário histórico para damas do ano de 1791*. Cf. *NA* 34.II, *Briefwechsel: Briefe an Schiller 1.3.1790 – 24.5.1794 (Anmerkungen)*, edição de Ursula Naumann, 1997, p. 208.

lágrimas correram sem parcimônia entre o grande número de homens bons que o conhecem e amam.[14]

Este vivo interesse que vós nos infundis, nobre e venerável homem, nos defende perante vós contra a aparência de uma impertinência indiscreta! Ele afasta toda incompreensão do propósito desta carta! Nós a redigimos com uma respeitosa timidez que a delicadeza dos vossos sentimentos nos infunde. Nós até a temeríamos caso não soubéssemos que também a ela, à virtude das almas nobres e formadas, está prescrita uma certa medida a qual não pode ser ultrapassada sem a desaprovação da razão.

Vossa saúde, arruinada pelo trabalho e o cansaço demasiadamente frequente, carece por algum tempo, como nos dizem, de um grande repouso se deve ser restabelecida e afastado o perigo que ameaça a vossa vida. Apenas vossas relações, vossa situação vos impedem de vos abandonar a este repouso. Não gostaríeis de nos dar a alegria de vos facilitar o gozo do mesmo? Vos oferecemos para este fim um presente anual de mil táleres por três anos.

Aceitai esta oferta, nobre homem! Que a vista dos nossos títulos não vos leveis a recusá-la. Sabemos avaliá-la. Não conhecemos nenhum orgulho senão *o* de ser homens, cidadãos na grande república cujos limites compreendem mais que a vida das gerações individuais, mais que os limites de *um* globo terrestre. Tendes aqui apenas homens, vossos irmãos, não grandezas vaidosas que por um tal uso de suas riquezas apenas saciam uma espécie algo mais nobre de altivez.

[14] A 11 de junho de 1791, Friedrich Christian recebeu o seguinte bilhete (em francês) da Condessa von Schimmelmann: "Nesse momento o correio nos traz a notícia da morte de Schiller, e estamos inconsoláveis por isso. Temo que a Alemanha não sinta a extensão desta perda; ela é imensa. Se o gênio de Shakespeare não reaparecesse jamais entre os homens, o coração e a cabeça de Schiller formariam seu santuário. É singular que, desde algum tempo, Baggesen nos lesse sem cessar as obras de Schiller e que estivéssemos todos os dias ocupados com elas. Baggesen chegou nesse momento de Seelust somente para partilhar conosco sua dor, que para o seu coração, ele diz, é mais cruel que a morte de Mirabeau." *NA* 34.II, 208–9.

Dependerá de vós onde quereis gozar deste repouso. Aqui entre nós não vos faltariam satisfações para os carecimentos de vosso espírito, numa capital que é a sede de um governo e, ao mesmo tempo, um grande centro de comércio e que possui bibliotecas muito estimáveis.[15] Alta consideração e amizade rivalizar-se-iam para vos tornar agradável a estadia na Dinamarca, pois não somos aqui os únicos que vos conhecem e amam. E caso desejásseis, uma vez restabelecida vossa saúde, vos colocar a serviço do Estado, não nos seria difícil satisfazer este desejo.

Contudo, não somos tão egoístas para fazer desta mudança em vossa estadia uma condição. Deixamos isto à vossa própria livre escolha. Desejamos conservar para a humanidade um dos seus mestres, e toda outra consideração tem de ficar atrás deste desejo. Friedrich Christian P.z.S. Holstein Ernst Schimmelmann."[16]

Neste mesmo dia, Schimmelmann enviou uma pequena carta a Baggesen: "Tenho de vos pedir, querido Baggesen, que escreveis hoje mesmo a Schiller, caso a carta assinada pelo Príncipe e por mim siga hoje. Vos solicito encarecidamente pedir a Schiller, em vosso e em meu nome, quer ele aceite ou recuse nossa oferta, que mantenha o meu nome em segredo. É uma satisfação suficiente para mim se ele me aprecia o bastante para aceitá-la ao mesmo tempo de minha parte. Como pessoa privada não tenho nem o direito nem o desejo de me colocar inteiramente ao lado do Príncipe, de contar a mim mesmo entre os *grandes*, e cedo aqui apenas à amizade do Príncipe. Meu nome não pode aparecer desta

[15]Como informa a *Nationalausgabe*, "a biblioteca real de Copenhague (instituída em 1665 por Frederico III e construída entre 1667 e 1673) possuía ao final do séc. XVIII cerca de 200.000 livros. A biblioteca da Universidade (fundada em 1482 e desde 1659 alojada na Igreja da Trindade) sofrera pesadas perdas por um incêndio em 1728, mas recebeu em seguida significativos meios públicos e privados e significativas doações para sua reconstrução." Cf. *NA* 34.II, 209.

[16]*NA* 34.I, *Briefwechsel: Briefe an Schiller 1. 3. 1790 – 24. 5. 1794 (Text)*, edição de Ursula Naumann, 1991, pp. 113–5.

maneira com o dele sem que muitos que não conhecem o exclusivíssimo fim – que é unicamente Schiller, unicamente o grande homem – o desaprovassem".[17]

Baggesen escreveu em seguida a Schiller, reforçando vivamente a oferta de ajuda e enaltecendo as figuras dos dois amigos como "cidadãos do mundo" e "anjos da guarda". "*Seus motivos* para este pedido são o conhecimento de vossas obras e a admiração daí resultante pelo vosso espírito, alta estima pelo vosso caráter como homem e a convicção da importância de uma atuação duradoura de vossa parte – *seu fim* é o bem da humanidade", dizia Baggesen.[18] Perante aqueles que partiram espontaneamente em seu socorro, Schiller não devia temer de modo algum pela sua independência de espírito. Além disso, se Schimmelmann solicitava que seu nome permanecesse em sigilo, o Príncipe, por sua vez, desejava que tudo transcorresse em *pianissimo*. Como Baggesen juntara à sua carta a que Schimmelmann lhe enviara, Schiller recebeu em Jena nada menos que três cartas de Copenhague.

Elas chegaram a 13 de dezembro de 1791. Naquele momento, Schiller trabalhava no ensaio "Sobre a arte trágica" – que dava continuidade a "Sobre o motivo do prazer em assuntos trágicos", extraído dos seus estudos sobre o trágico e das preleções sobre o mesmo tema no verão de 1790 – e retomava o estudo da *Crítica da faculdade do juízo*. O impacto da notícia foi tão forte que ele sequer pôde visitar Reinhold pessoalmente, mas apenas enviar-lhe as cartas para que ele as lesse e fosse à sua casa naquela mesma noite. Reinhold, que ficara profundamente sensibilizado com o gesto do Príncipe e de Schimmelmann, escreveu em seguida a Baggesen, pois o estado de saúde de Schiller sofrera uma

[17]H. Schulz, *Schiller und der Herzog von Augustenburg in Briefen*, pp. 31–2. Ao assinar a carta a Schiller, Schimmelmann a remeteu de volta a Friedrich Christian com um bilhete em francês, de 29 de novembro, contendo o mesmo pedido. Cf. *NA* 34.II, 207.

[18]Carta a Schiller, Copenhague, 29 de novembro de 1791. *NA* 34.I, 115.

momentânea piora. "Sua indisposição foi um efeito da impressão maravilhosa e profunda, da qual ele se recuperou apenas aos poucos, mas não ainda inteiramente, de modo que não tivesse de adiar sua resposta para um dos próximos dias."[19]

Apesar dessa indisposição, Schiller enviou uma carta a Körner no mesmo dia em que recebeu o correio da Dinamarca. "Tenho de lhe escrever imediatamente, tenho de lhe comunicar minha alegria, querido Körner. Aquilo pelo que tenho ansiado ardentemente por toda a minha vida é agora realizado. Estou livre por muito tempo, talvez para sempre, de todas as preocupações. Tenho a independência de espírito há muito desejada. [...] Mas a delicadeza e a fineza com as quais o Príncipe me faz esta oferta poderiam comover-me ainda mais que a oferta mesma. [...] Você pode imaginar como está o meu ânimo. Tenho a perspectiva iminente de me arranjar totalmente, pagar minhas dívidas e, independente de preocupações com a alimentação, viver totalmente para os projetos do meu espírito. Tenho finalmente ócio para aprender e refletir, e para trabalhar para a eternidade."[20] – "Agora goza em paz da tranquilidade e do ócio que te foram concedidos", escreveu-lhe de volta Körner. "Deixe de lado o trabalho para os livreiros, que não lhe dá prazer. *Viva* para si e para o futuro."[21]

II

As cartas de Copenhague chegaram numa terça-feira. Na sexta, Schiller respondeu a Baggesen; na segunda seguinte, ao Príncipe e a Schimmelmann. A carta a Baggesen, de 16 de dezembro de 1791, é um documento importante. Ela contém a justificativa do aceite da oferta, à qual

[19] *NA* 42, *Schillers Gespräche*, edição de Dietrich Germann e Haufe Eberhard, 1967, p. 145–6.

[20] *NA* 26, 117.

[21] *NA* 34.I, 121.

Schiller retornará na carta ao Príncipe e a Schimmelmann, e uma sóbria reflexão sobre os seus últimos dez anos de vida como um escritor *profissional*, dez anos de tensões entre as exigências da arte, do público e do mercado. "Do berço do meu espírito até agora, quando escrevo isto, lutei com o destino, e desde que sei estimar a liberdade de espírito estive condenado a carecer dela. Um rápido passo há dez anos privou-me para sempre dos meios de existir de outro modo senão pela atividade de escritor. Eu me dera esta profissão antes que tivesse experimentado suas exigências e me apercebido de suas dificuldades. A necessidade de exercê-la assaltou-me antes que estivesse à altura dela mediante conhecimentos e a maturidade do espírito. *Que* eu sentisse isto, que não colocasse ao meu ideal dos deveres do escritor aqueles limites estreitos nos quais eu mesmo estava encerrado, é algo que reconheço como um favor do céu que me manteve aberta a possibilidade de um progresso mais elevado, mas em minhas circunstâncias ela apenas aumentava minha infelicidade. Imaturo e abaixo do ideal que era vivo em mim, via agora tudo que trazia ao mundo; em toda perfeição possível e pressentida tinha de apressar-me com o fruto prematuro diante dos olhos do público, e tão carente de ensinamento (*Lehre*), tive de arvorar-me contra minha vontade em mestre (*Lehrer*) da humanidade. Todo produto sob tais infelizes circunstâncias apenas sofrivelmente exitoso deixava-me sentir apenas com mais intensidade quantos germes o destino reprimia em mim. As obras primas dos outros escritores faziam-me triste, pois havia abandonado a esperança de tornar-me partícipe do seu ócio feliz, unicamente no qual as obras do gênio amadurecem. O que não teria acontecido em dois ou três anos tranquilos em que, livre do trabalho de escritor, tivesse podido me dedicar unicamente apenas a estudar, apenas à formação dos meus conceitos, à maturação dos meus ideais! Satisfazer as exigências rigorosas da arte e, ao mesmo tempo, proporcionar à sua diligência de escritor apenas o apoio necessário são coisas incompatíveis no nosso mundo literário alemão, como finalmente sei. Esforcei-me por dez anos para conciliá-las, mas tornar isto apenas de algum modo possível custou-me a minha saúde. O interesse pela minha atividade, algumas belas florescências da vida que o destino semeou-me no caminho, esconderam-me esta perda até que no início deste ano – vós sabeis como? – fui despertado do meu sonho. Numa época em que a vida começava a me mostrar todo o seu valor, em que eu estava perto de ligar em mim, num terno e eterno laço, razão e fantasia, em que me cingia a um novo empreendimento no âmbito da arte, a morte aproximou-se de mim. Este perigo em verdade passou, mas apenas acordei para a nova vida para repetir com forças debilitadas e reduzidas esperanças a luta com o destino. Assim encontraram-me as cartas que recebi da Dinamarca."[22]

Já a resposta de Schiller ao Príncipe e a Schimmelmann, de 19 de dezembro de 1791, não impressiona apenas pelo tom e a elegância, mas sobretudo pelo rigor moral com o qual expressa sua gratidão e justifica o aceite da oferta.

"Permiti, veneráveis, que eu reúna dois nobres nomes em um, e em verdade naquele sob o qual vós mesmos vos unistes em consideração ao meu. A ocasião pela qual tomo esta liberdade é em si mesma já uma tão espantosa exceção de todo o habitual, que teria de temer aviltar a pura relação ideal em que vós entrais comigo através de toda consideração a diferenças contingentes.

Numa época em que os restos de uma doença debilitadora anuviaram minha alma e me assustaram com um futuro sombrio e triste, vós, como dois gênios protetores, me estendeis a mão desde as nuvens. A generosa oferta que vós me fazeis satisfaz, sim, e mesmo supera os meus desejos mais audazes. O modo pelo qual o fazeis me livra do medo de me mostrar indigno de vossa bondade enquanto aceito a prova disto. Teria de discutir se, no caso de uma tal oferta, pudesse pensar em algo que não na bela humanidade da

[22] *NA* 26, 120–22.

qual ela brota e na intenção moral à qual ela deve servir. Puro e nobre, como vós *ofereceis*, creio eu poder *receber*. Vossa meta com isto é promover o bem; pudesse eu sentir vergonha de algo, então seria de que teríeis vos enganado quanto ao instrumento para isto. Mas o motivo pelo qual me permito aceitá-lo justifica-me perante mim mesmo e deixa-me aparecer diante de vós com a inteira liberdade do sentimento mesmo nas amarras da mais alta obrigação. Tenho uma dívida a pagar, não a vós, mas à humanidade. *Esta* é o altar em comum onde vós depositais vossa dádiva e eu o meu agradecimento. Sei, meus veneráveis, que apenas a convicção de ser entendido por mim consuma vossa satisfação; por isso, e unicamente por isso, permiti-me dizer isto.

Mas a estreita participação que uma benevolência por demais parcial por mim tem em vossa generosa decisão, a prerrogativa que conferis a *mim*, perante tantos outros, de imaginar-me como o instrumento do vosso belo propósito, a bondade com a qual desceis aos pequenos carecimentos de um cidadão do mundo tão estranho a vós impõem a mim os deveres mais pessoais perante vós e mesclam em minha reverência e admiração os sentimentos do mais profundo amor. Quão orgulhoso vós me fazeis por cogitardes *em mim* numa aliança que consagra o mais nobre de todos os fins, que uniu o entusiasmo pelo bem, pelo grande e o belo. Mas quão mais elevado é *o* entusiasmo que se manifesta nos feitos do que aquele que tem de se limitar a ter sido *despertado* para os feitos. Prover a verdade e a virtude com a força triunfante pela qual elas submetem os corações é tudo o que podem o filósofo e o artista – sendo muito diferente realizar os ideais de ambas numa vida bela. Tenho de vos responder aqui com as palavras de Fiesko, com as quais ele repele o orgulho de um artista. Vós *fizestes* o que apenas pude *pintar*.

Mas ainda que pudesse esquecer que sou eu mesmo o objeto de vossa bondade, que vos devo a bela perspectiva da consumação dos meus planos, ainda assim restaria em mim um compromisso de espécie muito elevada perante vós. Uma manifestação, como *vós* fostes para mim, erige novamente a fé numa humanidade pura e nobre que tão numerosos exemplos em contrário abatem no mundo objetivo. É de uma voluptuosidade indizível para o pintor da humanidade deparar com traços daquele quadro que tem de se transfigurar no seu interior e estar à base de suas descrições. Mas sinto o quanto perco pela aceitação do grande compromisso de dar a palavra à minha admiração e de glorificar uma espécie de ação tão bela e não egoísta com sentimento igualmente não egoísta.

A possibilidade de vos apresentar em pessoa aquele a quem vós tão profundamente obsequiastes será obra de vosso generoso apoio. Através deste verei-me posto na condição de, ao poucos, ganhar de novo minha saúde e suportar as fadigas de uma viagem, a mudança do modo de vida e do clima. Atualmente continuo exposto à recaída numa doença que me cerceia o gozo das mais puras alegrias da vida, e apenas muito lentamente, como ela veio, desaparecerá. Entre as muitas privações às quais ela me condena não é das menores que retarde a época feliz em que o olhar vivo e o convívio me ligarão com mil laços ilaceráveis a dois coraçoes que agora, ainda da invisível distância, como a divindade, me fazem feliz e, como esta, estão inacessíveis ao meu agradecimento. Viver neste belo futuro e apressar-se a este momento com os seus desejos e sonhos será até lá a ocupação mais querida

do vosso profundamente penhorado
e eternamente grato

Fridr. Schiller."[23]

Essa carta dá o tom exato do tipo de mecenato que começava a ser estabelecido entre o Príncipe de Augustenburg e Schiller. Questão essencial, sobretudo quando vista sob o aspecto das exigências de um escritor profissional, permanentemente preocupado com a sua independência e a au-

[23] *NA* 26, 124–6.

tonomia dos seus trabalhos, aos quais o público tem acesso pelo mercado editorial. Como garantir a independência individual e a autonomia das obras quando se tem de sobreviver delas? Como satisfazer as pretensões de autonomia da arte sem se render simplesmente ao público e ao mercado? Como converter as exigências do público às da arte sem que essa tentativa não seja frustrada pelas imposições do mercado?

São essas as questões de Schiller como poeta e publicista – questões tornadas subjetiva e publicamente claras desde ao menos o anúncio da revista *Reinische Thalia*, de 11 de novembro de 1784: "Escrevo como cidadão do mundo que não serve a nenhum Príncipe",[24] declarou Schiller, colocando-se a serviço do público em nome da arte e do saber. Como viu Klaus-Detlef Müller, esta declaração "contém um compromisso, pois a contribuição da arte e do artista para o enobrecimento da humanidade, à qual Schiller se refere com ênfase em todos os seus escritos estéticos, tornando-a em critério de suas recensões, e que fundamentou em seu poema 'Os artistas', supunha, na relação com o público, uma dignidade que se levantava por sobre as coerções econômicas do princípio do mercado bem como sobre a alternativa de uma dependência do mecenato principesco. A realidade, porém, mostrou-se diferente, como Schiller sabia desde o início. O público pagante, em sua preponderante recusa de leituras laboriosas, era tão tirano quanto os protetores principescos na defesa de suas exigências: a liberdade de espírito devia ser defendida somente ao preço da miséria material."[25] Müller mostra que, no caso do estipêndio recebido por Schiller,

[24] *NA* 22, *Vermischte Schriften*, edição de Herbert Meyer, 1958, p. 93.

[25] K.-D. Müller, "Schiller und das Mäzenat. Zu den Entstehungsbedingungen der 'Briefe über die ästhetische Erziehung des Menschen'", in W. Barner, E. Lämmert, N. Oellers (orgs.), *Unser Commercium. Goethes und Schillers Literaturpolitik*. Stuttgart, 1984, p. 152. Cf. tb. comentários de Rolf-Peter Janz in F. Schiller, *Werke und Briefe*. 12 vols. Vol. 8: *Theoretische Schriften*. Edição de Rolf-Peter Janz, com a colaboração de Hans Richard Brittnacher, Gerd Kleiner e Fabian Störmer. Frankfurt: Deutscher Klassiker, 1992, p. 1380 e R.-P. Janz,

mecenato e público se relacionam de modo peculiar "no contexto de uma decisiva mudança estrutural da empresa literária".[26] Nesse caso, a figura do leitor prevalece sobre a do mecenas, pois o mecenas se vê e se comporta como leitor.

Friedrich Christian (1765–1814) nasceu no castelo de Augustenburg, no ducado de Schleswig-Holstein. De confissão luterana, como Schiller, estudou ciências políticas, direito, história, física e, sobretudo, filosofia na universidade de Leipzig em 1783–84. A influência do "dogmatismo" de Ernst Platner, em cujas preleções familiarizou-se com o racionalismo de Leibniz e Wolff e a filosofia inglesa e francesa, foi de tal modo marcante, que, apesar dos seus esforços, Friedrich Christian não chegou de fato a compreender o alcance do salto dado por Kant. Somente mais tarde, e com o auxílio de Baggesen e Reinhold, começou a assimilar a nova filosofia. Casando-se em 1786 com a princesa Louise Augusta, o que impediu o fim da velha linhagem dos Oldenburg, passou a viver com ela no castelo de Christiansborg e foi chamado para o governo. Em 1788 foi nomeado patrono da universidade e responsável pela preparação de um museu de história natural, pela direção do jardim botânico e da biblioteca real de Copenhague. Em 1790 assumiu a comissão para a reforma da universidade e das escolas dinamarquesas. Começa a implementar seus planos, mas encontra a resistência da chancelaria, à qual a comissão estava subordinada. Suas ideias eram consideradas muito democráticas. Em 1794, por influência de Baggesen, Reinhold e Elisa von der Recke, torna-se maçom, selando seu ingresso na ordem dos iluminados em Hamburgo, pelas mãos do ator e diretor Friedrich Ludwig Schröder. Friedrich Christian estava convicto de que assim fortalecia suas convicções iluministas e pedagógicas, segundo as quais a virtude e o agir já se aninham no saber. Com o falecimento do seu pai em novem-

"Über die ästhetische Erziehung des Menschen in einer Reihe von Briefen", in H. Koopmann (org.), *Schiller-Handbuch*, p. 610.

[26] K.-D. Müller, "Schiller und das Mäzenat. Zu den Entstehungsbedingungen der 'Briefe über die ästhetische Erziehung des Menschen'", p. 153.

bro de 1794, herda o título de duque e passa a administrar os domínios dos Augustenburg. Somente em 1804, com a ascensão de um novo chanceler, encontra condições favoráveis às reformas educacionais que tinha em mente. Em 1805, realiza seu desejo de uma comissão autônoma, sob sua direção, dispondo dos poderes de um ministro da educação. Em 1811, depois de ver fracassada sua tentativa de ascender ao trono sueco, abandonou suas funções junto ao Estado dinamarquês.[27]

Já Ernst Heinrich von Schimmelmann (1747–1831) nasceu em Dresden, filho de um rico comerciante. Estudou em Genebra e Lausanne, completando sua formação através de viagens pela Alemanha, Noruega e Inglaterra. A serviço do Estado dinamarquês desde 1773, do qual recebeu o título de Conde em 1779, Schimmelmann foi ministro das finanças e do comércio e, a partir de 1824, ministro do exterior.[28]

Aristocratas esclarecidos tanto em matéria de literatura quanto de política, admiradores de Mirabeau, partidários da Revolução Francesa e dos direitos humanos – o Príncipe empenhado na reforma das instituições de ensino, Schimmelmann proibindo o comércio de escravos na Dinamarca –, os mecenas de Schiller são antes "leitores, parte do público".[29] Se Schiller, como dissera a Körner, ficara impressionado com a "delicadeza" e a "fineza" do gesto de ajuda partido de dois desconhecidos; se ele, que era "contra toda

[27]Para estas e outras informações sobre a vida e a relativamente pouco exitosa carreira política do Príncipe de Augustenburg, cf. *Allgemeine deutsche Biographie*, editada pela Historische Commission bei der königlichen Akademie der Wissenschaften. Leipzig: Verlag von Duncker & Humbolt, 1878, vol. 8, pp. 24–31; *Neue Deutsche Biographie*, editada pela Historische Kommision bei der Bayerischen Akademie der Wissenschaften. Berlim: Duncker & Humbolt, 1961, vol. 5, pp. 585–6; *Deutsche Biographische Enzyklopädie* (DBE), editada Walter Killy. Munique, New Providence, Londres, Paris: K.G. Sanr, 1996, vol. 3, p. 474, H. Schulz, *Schiller und der Herzog von Augustenburg in Briefen*, pp. 149–50 e *NA* 34.II, 207–8.

[28]Cf. *NA* 34.II, 208.

[29]K.-D. Müller, "Schiller und das Mäzenat. Zu den Entstehungsbedingungen der 'Briefe über die ästhetische Erziehung des Menschen'", p. 153–4.

etiqueta e toda coerção principescas",[30] não hesitara em aceitar o que lhe ofereciam, era porque tal oferta não vinha acompanhada por nenhuma exigência ou pretensão protecionista. Schimmelmann, por exemplo, queria manter-se anônimo. Além disso, se ele e o Príncipe convidavam Schiller para uma visita à Dinamarca e ainda acenavam com a oferta de um posto, jamais o forçaram a uma decisão. Despidos dos seus títulos, comportam-se como cidadãos do mundo, como membros de uma ilimitada comunidade de iguais. "Nesse sentido, eles se entendem exatamente como aquele público que Schiller desejava para si", observa Müller, um público diante do qual as obras conquistam sua objetividade.[31] E na medida em que o Príncipe – com e por causa de Baggesen – vê em Schiller um educador da humanidade, é afirmado assim "o primado do leitor sobre o mecenas".[32]

Os resultados das reflexões de Schiller se destinaram desde o início à publicação. Contudo, na medida em que são previamente desenvolvidos à maneira de um diálogo epistolar, o Príncipe "conserva, por um curto tempo, a prerrogativa de um público exclusivo. A forma da carta mantém esta ambivalência enquanto é referida a um destinatário e suprime visivelmente a diferença entre o receptor

[30]Ibid., p. 154.

[31]Ibid., p. 156.

[32]Ibid., p. 157. Müller polemiza lateralmente com Christa Bürger e sua tese de uma "mudança estrutural do mecenato" (Cf. C. Bürger, *Der Ursprung der bürgerlichen Institution Kunst. Literatursoziologische Untersuchungen zum klassischen Goethe*. Frankfurt: Surhkamp, 1977, pp. 39 ss.), baseada na "ilusão de uma série de pequenos príncipes esclarecidos" de realizar "de cima para baixo" e independentemente de sua posição social e interesses a "promoção da humanidade" (Ibid., p. 48.) "No caso dos protetores dinamarqueses de Schiller, em contrapartida", nota Müller, "uma efetiva tomada de partido pela Revolução Francesa é tão indiscutível quanto a forma específica de um mecenato do leitor. O apoio ao poeta é mediado pela obra e as ideias nela defendidas, e se compreende como uma percepção dos interesses do público que carece de um esclarecimento mais amplo" (K.-D. Müller, "Schiller und das Mäzenat. Zu den Entstehungsbedingungen der 'Briefe über die ästhetische Erziehung des Menschen'", pp. 156–7, nota).

da carta e o público, não negada de antemão."[33] "O Príncipe encontra-se aqui na qualidade de representante do leitor formado."[34] Assumindo o papel do leitor ideal, a figura do protetor como que desaparece diante do autor favorecido. Ao mesmo tempo, ambos se associam num empreendimento que transfere ao público o resgate de uma dívida. Nesse mecenato, somente a humanidade é credora.

As cartas de Schiller aos novos amigos dinamarqueses chegaram em Copenhague a 3 de janeiro de 1792. Nesse mesmo dia, o Príncipe escreveu a sua irmã Luise sobre o sucesso de sua oferta a Schiller, mas surpreso por saber que um jornal de Frankfurt noticiara o acontecimento. Naturalmente, Schiller também tomara conhecimento disso. Na carta a Körner de 1º de janeiro, em que lhe comunica seus primeiros planos para o uso dos mil táleres no novo ano que começava e sua intenção de mergulhar na filosofia kantiana, Schiller também confessa o seu desconforto: mesmo tendo escrito ao Duque de Weimar já há oito dias, era provável que a notícia o alcançara antes. Schiller estava convencido de que o vazamento da notícia partira "certamente de um amigo sempre a postos. [...] Gostaria de perder cem táleres se isto não tivesse acontecido, pois Schimmelmann, num bilhete especial a Baggesen, que este me enviou, protestou seriamente contra a menção do seu nome nisto. Enviarei para você as cartas de Baggesen e Schimmelmann; a carta do Príncipe ainda está com o Duque de Weimar. Não teria você talvez dado a notícia a Huber e o jornal sabido por

[33] Ibid., p. 159.

[34] Ibid., nota. O artigo de Müller, especialmente suas conclusões sobre as insuficiências e contradições do projeto estético-político de Schiller, pode ser lido como um comentário às teses de Marcuse em seu famoso ensaio "Sobre o 'caráter afirmativo' da cultura" (1937). Sobre Schiller e Marcuse, cf. J. Habermas, "Excurso sobre as cartas de Schiller acerca da educação estética do homem", in *O discurso filosófico da modernidade*. São Paulo: Martins Fontes, 2000, pp. 65–72 e R. Barbosa, "Marcuse und die ästhetische Kritik der Moderne. Eine neue ästhetische Erziehung?", in *Zeitschrift für kritische Theorie*, nº 22/23, 2006, pp. 196–222.

ele? Escreva-me no próximo correio se foi isto; pois senão empregarei tudo para rastrear esta notícia de jornal."[35]

Em sua resposta, de 6 de janeiro, Körner admitiu que talvez fora ele mesmo a "causa inocente" do artigo, pois Schiller nada lhe dissera sobre o sigilo exigido. "Tive a necessidade de comunicar a notícia a todos a quem ela podia interessar", explicou-se Körner, sugerindo a Schiller que escrevesse a Huber, Kunze, enfim, a todos – e a Schimmelmann, que certamente não lhe guardaria "rancor".[36] Ainda constrangido, Schiller dirigiu-se a Baggesen a 9 de janeiro, argumentando que não pudera deixar de comentar o fato com uns poucos parentes e amigos, nem ocultá-lo do Duque de Weimar, mas que alguém deixara escapar algo em público, pelo que ele se sentia o único culpado, embora também um pouco mais tranquilo, pois o nome de Schimmelmann não fora mencionado. Ainda assim, Schiller pedia a Baggesen que transmitisse ao Conde seu pedido de desculpas e lhe informasse o quanto antes sobre como este e o Príncipe reagiram ao incidente. Schiller também registrava que o Duque de Weimar fora extremamente gentil com ele, liberando-o para viajar à Dinamarca tão logo sua saúde e o clima permitissem. Esta possibilidade de seguir sua inclinação sem ferir seus deveres o deixava feliz e confiante no futuro. Schiller dizia-se melhor, o que para ele era um bom sinal, especialmente sob as condições adversas daquela estação do ano. "Meu ânimo está sereno e a cabeça pode suportar uma ocupação. Esta me é dada plenamente pela filosofia de Kant e Reinhold – e em momentos felizes visita-me também um entusiasmo poético."[37]

Com esta carta, Schiller enviou a Baggesen o mais recente exemplar da revista que continuava a editar, *Neue Thalia*, explicando que as *Estâncias* – ou seja, a tradução livre da *Eneida* – e o terceiro artigo, "Sobre o motivo do

[35] *NA* 26, 127.
[36] *NA* 34.I, 123.
[37] *NA* 26, 130.

prazer em assuntos trágicos", eram de sua autoria – e que se Baggesen julgasse um destes trabalhos interessantes para o Príncipe e o Conde, que o oferecesse em "sacrifício" a eles. Ao se despedir, Schiller advertia que não escreveria aos seus mecenas enquanto não soubesse do aceite do seu pedido de desculpas. Em sua resposta, de 30 de janeiro de 1792, Baggesen o tranquiliza, pois o Príncipe e o Conde haviam relevado o incidente da publicação da notícia – que, de resto, aparecera também num jornal de Hamburgo, revelando a identidade dos mecenas. De fato, o Príncipe não se importara com isso, como se lê numa carta a sua irmã, em que comenta as palavras de Schiller a Baggesen; afinal, ele dizia, "está-se muito satisfeito em público com isso".[38]

A 29 de março, Baggesen escreveu a Schiller ainda a propósito da carta de 9 de janeiro sobre aquele incidente. Ele assegurava que Friedrich Christian e Schimmelmann esperavam ansiosamente por notícias dele, mas que se sentisse à vontade: suas cartas poderiam ser "curtas ou longas, espaçadas ou frequentes" e versar sobre o que ele quisesse.[39] Despreocupado com o estado de saúde de Schiller, convencido de que ele atingiria uma "idade elevada", Baggesen se mostrava cheio de esperanças de que agora suas atividades só poderiam fortalecê-lo. Essa expectativa não se confirmou: Schiller sofreu novas crises e só voltou a escrever para Friedrich Christian cerca de um ano depois, a 9 de fevereiro de 1793. Com essa carta começa a correspondência propriamente *filosófica* entre ambos.

III

Desde que anunciara um ciclo de preleções sobre estética, inicialmente programado para o semestre de inverno de 1791–92, mas ocorrido apenas no semestre de inverno seguinte, Schiller estudou intensamente autores como Burke

[38] H. Schulz, *Schiller und der Herzog von Augustenburg in Briefen*, p. 51. Cf. tb. *NA* 34.II, 230–1.

[39] *NA* 34.I, 149.

e Moritz, Baumgarten e Sulzer, Winckelmann, Lessing e Mendelssohn, mas sobretudo Kant e sua *Crítica da faculdade do juízo*.[40] Estas leituras renderam-lhe um material considerável, habilmente preparado em vista não só das preleções, como também da revista *Neue Thalia*, cuja edição não abandonara. Parte desse material foi refundida e transformada nos artigos "Do sublime (Para o desenvolvimento de algumas ideias kantianas)", "Sobre o patético" e "Observações dispersas sobre diversos objetos estéticos", quase inteiramente dedicado ao problema do sublime do conhecimento, publicados em 1793 nos números 3, 4 e 5 de *Neue Thalia*. Também remontam a essa época a primeira redação de "Sobre o sublime" e o pequeno escrito "Ideias sobre o uso do comum e do baixo na arte", respectivamente publicados em 1801 e 1802 nos volumes 3 e 4 dos *Escritos menores em prosa*. Enquanto a parte daquele material relativa ao *sublime* logo resultaria em artigos, as reflexões sobre o *belo* estavam destinadas ao projeto de um diálogo filosófico à maneira platônica: *Kallias ou sobre a beleza*, como atesta a rica correspondência entre Schiller e Körner em janeiro e fevereiro de 1793.[41] Nela, Schiller esboçou em grandes linhas a temática desse diálogo. Embora não realizado ou consumado ao menos já no próprio diálogo epistolar com Körner – esta obra teria em seu centro o problema da possibilidade de um conceito *objetivo* do belo, formulado de modo a validar um *princípio* igualmente objetivo para o gosto. Contra a convicção de Kant, segundo a qual tal princípio seria impossível, o desafio de Schiller consistia em estabelecê-lo com os meios da própria filosofia kantiana.

Este projeto não foi abruptamente abandonado, mas em parte postergado, como se lê em sua correspondência pos-

[40] Cf. R. Barbosa, "Fragmentos de um 'ateliê filosófico'", in F. Schiller, *Fragmentos das preleções sobre estética do semestre de inverno de 1792–93*. Tradução e introdução de Ricardo Barbosa. Belo Horizonte: UFMG, 2004, pp. 9–32.

[41] F. Schiller, *Kallias ou sobre a beleza. A correspondência entre Schiller e Körner, janeiro-fevereiro de 1793*. Tradução e introdução de Ricardo Barbosa. Rio de Janeiro: Zahar, 2002.

terior, em parte tomado como um estudo preliminar seja para as cartas estéticas ao Príncipe, seja para "Sobre graça e dignidade", publicado em junho de 1793 em *Neue Thalia*. "Aprontei esse artigo em não menos do que seis semanas. Julgue a partir disso se sou aplicado, e suficientemente aplicado para um doente. Esse trabalho me causou grande alegria e, como penso, nada totalmente infundada. Considere-o como uma espécie de precursor de minha teoria do belo. [...] Logo começarei minha análise do belo. Eu a tratarei em cartas ao Príncipe de Augustenburg, com quem agora já me correspondo sobre esta matéria. Devo a ele uma prova pública de atenção, e sei que ele não é insensível a isso. Além disso, tenho com uma tal roupagem[42] a grande vantagem de que um tratamento mais livre e agradável torna-se para mim como que um dever, e que posso fazer de minha incapacidade para dogmatizar um mérito para mim, pois tais cartas a um tal homem realmente não o permitiria. Na teoria do belo também tratarei dos princípios da bela arte, e penso realizar algo aí."[43]

Não é improvável que Schiller tenha se servido dos materiais de suas preleções nas cartas ao Príncipe, mas é certo que se considerava suficientemente bem-sucedido em sua fundamentação de um princípio objetivo do gosto para concentrar-se agora no problema dos *efeitos* do belo e do sublime na *formação* do homem e da sociedade. Schiller já abordara esse problema em suas preleções; mas nas cartas ao Príncipe ele emerge à luz da atualidade política. Revoltado com o terror jacobino, cético diante da possibilidade de a Revolução Francesa honrar suas promessas, Schiller se convence de que a solução do problema político – a instituição da liberdade e de um Estado racional – depende de uma profunda transformação *cultural*, da criação das condições *subjetivas* necessárias ao êxito dos ideais da revolu-

[42]A roupagem (*Einkleidung*) a que Schiller se refere é simplesmente a *carta* como forma de exposição de suas ideias.

[43]Carta a Körner, Jena, 20 de junho de 1793. *NA* 26, 246–7.

ção burguesa, à luz dos quais ajuíza os rumos da Revolução Francesa.

Assim, enquanto nas cartas a Körner sobre o belo e nos artigos sobre o sublime Schiller se ocupa em delimitar conceitualmente a esfera estética, a correspondência com o Príncipe parte deste patamar recém-atingido, considerando os nexos entre o estético e a razão prática à luz das exigências não satisfeitas pela Revolução Francesa. "Fosse verdadeiro o fato – tivesse ocorrido realmente o caso extraordinário de que a legislação política fora confiada à razão, de que o homem fora respeitado e tratado como um fim em si mesmo, de que a lei fora elevada ao trono e a verdadeira liberdade tornada em fundamento do edifício do Estado, então queria despedir-me eternamente das musas e dedicar toda minha atividade à mais magnífica de todas as obras de arte, à monarquia da razão. Mas este fato é justamente o que ouso pôr em dúvida. Sim, estou tão longe de crer no início de uma regeneração no âmbito político, que os acontecimentos da época antes me tiram por séculos todas as esperanças disso."[44]

Mesmo a *Aufklärung* não teria conseguido lançar raízes fortes o bastante para promover uma verdadeira revolução no modo de sentir e pensar. Para Schiller, somente uma "cultura estética" estaria em condições de radicalizar a *Aufklärung*, desdobrando todo o potencial contido em suas exigências de autonomia e uso público da razão, assim como formar o homem e a sociedade para a verdadeira cidadania política. Obra para mais de um século, como reiteraria em *Sobre a educação estética do homem*, ela prepararia o solo cultural capaz de acolher os germes da árvore da liberdade que fenecia do outro lado do Reno. "A tentativa do povo francês de estabelecer-se nos seus sagrados direitos humanos e conquistar uma liberdade política trouxe a lume apenas a incapacidade e a indignidade do mesmo, e lançou de

[44]Carta ao Príncipe de Augustenburg, Jena, 13 de julho de 1793. *NA* 26, 261–2.

volta à barbárie e à servidão não apenas este povo infeliz, mas, com ele, também uma considerável parte da Europa, e um século inteiro. O momento era o mais favorável, mas encontrou uma geração corrompida que não mais lhe era merecedora e não soube nem dignificá-lo nem utilizá-lo. O uso que ela fez e faz deste grande presente do acaso demonstra incontestavelmente que o gênero humano ainda não se livrou da violência tutelar, que o regime liberal da razão chega demasiado cedo onde mal se está pronto para se defender da brutal violência da animalidade, e que aquele, a quem ainda falta muito para a liberdade *humana*, ainda não está maduro para a liberdade *civil*. [...] Se me é pois permitido, Magnânimo Príncipe, dizer minha opinião sobre as expectativas e necessidades políticas do presente, confesso que considero extemporânea toda tentativa de uma constituição de Estado a partir de princípios (pois qualquer outra é mera obra de emergência e remendo), e como quimérica toda esperança nela fundada, até que o caráter da humanidade tenha sido novamente elevado de sua profunda decadência – um trabalho para mais de um século."[45]

Esse juízo inerva todas as reflexões de Schiller em defesa da cultura estética como formadora do homem para a liberdade. "A necessidade mais urgente da nossa época parece-me ser o enobrecimento dos sentimentos e a purificação ética da vontade, pois muito já foi feito pelo esclarecimento do entendimento. Não nos falta tanto em relação ao conhecimento da verdade e do direito quanto em relação à eficácia deste conhecimento para a determinação da vontade, não nos falta tanta *luz* quanto *calor*, tanta cultura filosófica quanto estética. Considero esta última como o mais eficaz instrumento da formação do caráter e, ao mesmo tempo, como aquele que deve ser mantido inteiramente independente da situação política e, portanto, mesmo sem a ajuda do Estado. E é aqui, Magnânimo Príncipe, que a arte e o gosto tocam os homens com sua mão formadora

[45]Ibid., 262 e 264.

e demonstram sua influência enobrecedora."[46] Se a recém-conquistada autonomia das "artes do belo e do sublime" trazia consigo uma promessa capaz de falar às necessidades de um mundo progressivamente secularizado e em luta contra o obscurantismo, tal promessa refletia a imagem de uma sociedade de livres e iguais, em cujo centro as artes, como no passado a mitologia e a religião, seriam um novo princípio formativo, uma nova paideia, capaz de conferir à cultura a unidade exigida pela instituição da liberdade.

Já a 23 de junho de 1793, Schiller participou a Georg Joachim Göschen, seu editor, um novo plano. "Bem, teria grande prazer em deixar imprimir, da maneira mais elegante, meu escrito sobre o belo numa série de cartas ao Príncipe de Augustenburg (com quem efetivamente me correspondo acerca disso). O senhor terá uma prensa livre para isso no próximo inverno?"[47] A publicação de *Kallias* também estava apalavrada com Göschen, mas a correspondência com Friedrich Christian tornara-se o centro das atenções de Schiller. "No que diz respeito a Kallias, haverá com este a demora de ainda um bom ano. Decidi-me a desenvolver a teoria da beleza, que devia ser o seu conteúdo, numa série de cartas ao Príncipe de Augustenburg, e já dei início a essa correspondência há dois meses. Essa correspondência será impressa, e esta é então minha obra principal nessa matéria, com o que nos honraremos."[48] Como se lê numa carta a Körner de 10 de dezembro de 1793, Schiller mantinha-se concentrado nesse plano: "Tenha a bondade de me enviar tão logo me escreva ou o original ou a cópia daquelas minhas cartas onde comecei a desenvolver para você minha teoria da beleza", ele dizia, referindo-se às cartas de janeiro e fevereiro daquele ano sobre o projeto de *Kallias*. "Preciso dessas ideias agora necessariamente para minha ocupação atual, e estou justamente a desenvolver a teoria do belo. Tal-

[46]Ibid., 266.
[47]*NA* 26, 248.
[48]Carta a Göschen, Ludwigsburg, 24 de outubro de 1793. *NA* 26, 290–1.

vez consiga avançar na correspondência com o Príncipe de Augustenburg a ponto de poder publicar o primeiro volume da mesma na próxima feira. Já tenho prontos dez cadernos, onde considero o belo e o gosto apenas em sua influência sobre os homens e a sociedade e onde as ideias mais ricas de 'Os artistas' estão filosoficamente tratadas."[49]

Poucos dias depois, a 3 de janeiro de 1794, Schiller daria novas notícias a Körner: "Em algumas semanas posso talvez lhe enviar cópia de uma parte das minhas cartas estéticas; como não via nenhuma possibilidade de poder aprontar para a feira da Páscoa mais do que um volume, ainda não enviei nada para Göschen, e o manuscrito ficará assim pelo menos ainda quatro meses na escrivaninha. Também ainda não avancei no que toca à matéria, embora as cartas prontas pudessem formar cerca de 14 cadernos impressos. Ainda não comecei a tratar do conceito da beleza, e mesmo agora ainda não estou nesse ponto, pois apresentei primeiro uma consideração geral sobre o nexo das belas sensações com a cultura como um todo, e em geral sobre a *educação estética* da humanidade".[50] A 17 de março, no entanto, Schiller comunicaria a Körner que tivera de interromper este trabalho.[51] Escrita pouco depois do que resultaria como a última carta *filosófica* ao Príncipe, aquela carta a Körner de 3 de janeiro documenta o ponto em que as reflexões de Schiller se encontravam naquele momento. Dada a sua importância tanto ainda no contexto do plano de *Kallias* como no da publicação da correspondência com o Príncipe, ela figura integralmente como apêndice à presente edição.

[49] *NA* 26, 336. A feira à qual Schiller se refere era a feira do livro. A mais importante era a de Leipzig. As feiras duravam cerca de uma semana e aconteciam duas vezes ao ano: na Páscoa e em setembro, em torno do dia de São Miguel.

[50] *NA* 26, 342.

[51] *NA* 26, 350.

IV

Em fevereiro de 1794 as cartas de Schiller foram destruídas no incêndio que arruinou o castelo onde Friedrich Christian vivia. "Aquele incêndio me custou minha biblioteca e a maior parte, para mim a mais interessante, dos meus papéis. Tudo foi consumido pelo fogo", escreveu o Príncipe a Schiller a 4 de abril de 1794. "Mesmo vossas instrutivas cartas, nobre e venerado homem, que lia com frequência e sempre com reiterado prazer, tiveram o mesmo destino. Se puderdes reparar esta perda, todos os vossos amigos daqui ser-vos-ão gratos e ninguém menos do que eu."[52] Em sua resposta, de 10 de junho, Schiller prometeu atender a esse pedido, "pois posso reproduzir todas as minhas cartas a partir de cópias", ele dizia.[53] No entanto, tudo se daria de outro modo.

Em maio, Johann Friedrich Cotta, o famoso livreiro e editor de Tübingen, confiou a Schiller o projeto de duas publicações: um jornal, *Europäische Staatenzeitung*, e uma revista, *Die Horen*. Temendo pela sua saúde, Schiller decidiu-se pouco depois a cuidar apenas da revista. Com a colaboração de Wilhelm von Humboldt, então já instalado em Jena, escreve o famoso anúncio de *Die Horen*, assinado pelos artistas e eruditos alemães mais significativos da época. Em junho e julho, Schiller interromperia suas atividades para voltar-se, mais uma vez, à filosofia crítica – mas agora com o estímulo e a ajuda de Humboldt e, sobretudo, de Fichte,[54] recém admitido na Universidade de Jena, não sem a intervenção de Goethe, como sucessor de Reinhold. O intenso convívio com Fichte, a visita a suas preleções públicas sobre moral para eruditos, cujas cinco primeiras logo sairiam em

[52] *NA* 34.I, 356.

[53] *NA* 27, *Briefwechsel: Schillers Briefe 1794–1795*, edição de Günter Schulz, 1958, p. 8. Cf. tb. carta a Körner, Jena, 12 de junho de 1794: "Todas as minhas cartas endereçadas ao Príncipe de Augustenburg estão consumidas pelo fogo no grande incêndio que devorou o palácio em Copenhague. É uma felicidade para mim que eu tenha cópias delas." *NA* 27, 11.

[54] Cf. carta a Körner, Jena, 4 de julho de 1794. *NA* 27, 20.

livro, *Algumas preleções sobre a destinação do erudito* (1794), o impacto da recepção de sua filosofia, seja pela leitura de *Sobre o conceito da doutrina da ciência ou da assim chamada filosofia* (1794), seja pela dos folhetos destinados aos seus ouvintes, pouco depois reunidos num único volume, *Fundamentação de toda a doutrina da ciência* (1794–95) – tudo isso foi *determinante* para a versão final da correspondência com o Príncipe de Augustenburg.

A 12 de setembro de 1794, enquanto corrigia e transcrevia essa correspondência, Schiller escreveu a Charlotte: "Este trabalho adquire um aspecto inteiramente diferente e sai-me muito bem".[55] Nesse mesmo dia, uma carta a Körner revela que Schiller não só definira o título da obra, como também resolvera um importante problema sistemático: "Elaboro agora minha correspondência com o Príncipe de Augustenburg, que lhe envio certamente em três semanas. Ela constituirá um todo, sob o título: Sobre a educação estética do homem, e assim será independente de minha própria teoria do belo, embora possa muito bem preparar para isto. Ela me proporciona de novo muita alegria, e procuro dar a ela toda perfeição possível".[56] Ao invés das cartas, nas quais ainda trabalhava, Schiller enviou a Körner um ensaio de Goethe "destinado apenas a uso privado": "Até que ponto a ideia segundo a qual a beleza é perfeição com liberdade pode ser aplicada a naturezas orgânicas".[57] Já o título desse ensaio, ao unir *liberdade* e *perfeição*, expressa o acordo de Goethe com as teses de Schiller sobre a beleza e o seu caráter objetivo, tal como ele as desenvolvera em sua correspondência com Körner a propósito do projeto de *Kallias*.

Em sua resposta aos comentários de Körner sobre o manuscrito de Goethe, percebe-se que Schiller dera um passo

[55]*NA* 27, 44.

[56]*NA* 27, 46.

[57]Para uma tradução desse artigo, cf. F. Schiller, *Kallias ou sobre a beleza. A correspondência entre Schiller e Körner, janeiro-fevereiro de 1793*. Tradução e introdução de Ricardo Barbosa. Rio de Janeiro: Zahar, 2002.

significativo em sua concepção da beleza. Ao imputar todo dissenso existente sobre essa matéria ao fato de que comumente se parte de um conceito empírico do belo, Schiller torna mais precisa sua concepção da objetividade da beleza: "O belo não é um conceito da experiência, mas antes um imperativo. Ele é certamente objetivo, mas apenas como uma tarefa necessária para a natureza sensível e racional; na experiência efetiva, no entanto, ela permanece não satisfeita [...]. É algo inteiramente subjetivo se sentimos o belo como belo; mas isto deveria ser objetivo".[58] Como notou Xavier Léon, é marcante "a analogia entre esta visão de Schiller e a de Fichte", a "quase-identidade de suas expressões", pois conceber a beleza como um imperativo significa torná-la um ideal, entendido nos termos da doutrina da ciência, que determina o ideal como uma tarefa a ser realizada. "Como esta visão se encontra aqui pela primeira vez em Schiller, é difícil não admitir a influência exercida, desde o primeiro encontro, pelo jovem filósofo sobre o espírito do poeta."[59]

A 20 de outubro, Schiller concluiu a primeira série de nove cartas, enviadas a Cotta a 14 de novembro. Goethe as aprovara,[60] mas Herder, disse Schiller a Körner, "as abomina como um pecado kantiano e por isso está bastante amuado comigo".[61] A série seguinte foi terminada no último dia do ano, "com muitos esforços".[62] "No que diz respeito aos meus trabalhos, agora estou extraordinariamente

[58]Carta a Körner, Jena, 25 de outubro de 1794. *NA* 27, 71.

[59]X. Léon, "Schiller et Fichte", in *Études sur Schiller*. Paris: F. Alcan, 1905, p. 56. Esse artigo foi posteriormente incorporado pelo autor – com pequenas modificações e reduções – à sua obra *Fichte et son Temps*, vol. 1. Paris: Armand Colin, 1922, pp. 239–62.

[60]Cf. cartas de 26 e 28 de outubro de 1794, *NA* 35, *Briefwechsel: Briefe an Schiller 25. 5. 1794 – 31. 10. 1795*, edição de Günter Schulz e Liselotte Blumenthal, 1993, 78–9 e 80.

[61]Jena, 7 de novembro de 1794. *NA* 27, 80. Para as críticas de Körner à primeira série de cartas e suas observações sobre o "imperativo estético", cf. *NA* 35, 87–8; para a resposta de Schiller, cf. carta de 10 de novembro de 1794, *NA* 27, 80–1

[62]Carta a Körner, Jena, 5 de dezembro de 1794. *NA* 27, 98.

satisfeito comigo mesmo. Meu sistema se aproxima de uma maturidade e de uma consistência interna que lhe asseguram solidez e permanência. Tudo se conecta da melhor maneira, e através do todo domina uma simplicidade que se faz notar para mim mesmo através de uma leveza maior. Tudo gira em torno do conceito de ação recíproca entre o absoluto e o finito, dos conceitos de liberdade e de tempo, da capacidade de agir e de padecer", escreveu Schiller a Körner, aludindo justamente a passagens nas quais é notável a influência de Fichte.[63]

Poucos dias depois, Schiller enviaria a Körner as três primeiras cartas da série seguinte, reafirmando o juízo que fazia sobre o seu próprio trabalho. "Pelo que lerá agora, você pode observar e pôr à prova todo o meu plano. Não nego que estou muito satisfeito com isso, pois uma tal unidade como aquela que sustenta este sistema é algo que nunca produzi em minha cabeça, e tenho de confessar que considero minhas razões insuperáveis."[64] Ao remeter o manuscrito para Cotta, Schiller não poderia ter sido mais claro quanto à sua convicção acerca do que conseguira e do que esperava para o futuro. "Como não apresento totalmente minhas cartas estéticas em *Die Horen*, elas devem ser impressas separadamente em alguns anos, com elegância, como um todo completo, e então dirigidas nomeadamente ao Príncipe de Augustenburg. Tenho de qualificar essas cartas, que ainda se estenderão sobre toda a teoria da arte, como o melhor que fiz e em geral posso produzir; que seja o melhor que possuímos nessa matéria, não é nenhuma grande glória. Bem, estas cartas, com as quais espero chegar à imortalidade, devem ser editadas pelo senhor, caso tenha prazer nisso."[65]

Desde que prometera a Friedrich Christian cópias das cartas que lhe enviara em 1793, Schiller não mais voltou a comunicar-se com ele. No início de 1795, contudo, ele o sur-

[63]Carta a Körner, Jena, 29 de dezembro de 1794. *NA* 27, 113.

[64]Jena, 5 de janeiro de 1795. *NA* 27, 115.

[65]Jena, 9 de janeiro de 1795. *NA* 27, 119.

preendeu com o primeiro fascículo de *Die Horen*. Ao lado de contribuições de Goethe e Fichte, ele estampava um escrito de Schiller intitulado "Sobre a educação estética do homem numa série de cartas". Na carta de 20 de janeiro de 1795 que acompanhava essa remessa, ele se justificava: "Quando, no ano passado, tratava de cuidar de uma cópia de minhas cartas destruídas em Copenhague, importunaram-me nelas tantas imperfeições, que não mais podia me permitir entregá-las de novo, em sua primeira configuração, nas mãos de Vossa Alteza. Empreendi com isso uma correção que me levou mais longe do que pensava; e o desejo de produzir algo que fosse digno de vossa aprovação motivou-me a dar àquelas cartas não apenas uma configuração inteiramente nova, como também estender o plano das mesmas a um todo maior."[66]

Schiller começava a publicar sua correspondência com Friedrich Christian, mas consideravelmente ampliada, seja por um diagnóstico da modernidade que, formulado no plano de uma filosofia da história, projetava como tarefa o restabelecimento de uma totalidade cultural perdida, da qual a Grécia fora um modelo, seja por conter uma solução original para o problema que Fichte buscara resolver através da *Wissenschaftslehre* [doutrina da ciência], mas que em Schiller resultaria na fundamentação do idealismo transcendental como um idealismo *estético*. Não é casual que, enquanto preparava a nova versão das cartas, Schiller tenha se referido a elas como representativas do que agora reconhecia como o seu *System*, como a sua *Elementarphilosophie*.[67] Indicada ao final da 10ª carta, esta "filosofia elementar" é desenvolvida sobretudo nas cartas 11 a 16 e 18 a 22. A analítica antropológica que serve à dedução de um conceito racional puro do belo não se esgota assim na função de servir de base à tese inicial, segundo a qual a solução do

[66]*NA* 27, 125.

[67]Cf. *NA* 27: carta a Erhard, 26 de outubro de 1794, p. 72-3; cartas a Körner de 29 de dezembro de 1794, p. 113, 5 de janeiro de 1795, p. 155 e 4 de maio de 1795, p. 178; carta a Jacobi, 29 de junho de 1795, p. 206.

problema político da atualidade passaria pelo estético, pois é pela beleza que se chega à liberdade.[68] Ela se estende ao domínio da filosofia primeira e, nessa medida, reconduz o problema do fundamento último da razão a um princípio incondicionado – a autoposição da subjetividade. O alcance desse princípio só se deixa ver mediante a compreensão da dignidade do estético como a única esfera na qual a unidade da razão na especificidade dos seus diferentes usos se expressa pela afirmação da "natureza mista" do homem.

Confiante na solidez e na coesão sistemática do trabalho,[69] convencido de que ele representava "o melhor que fiz em minha vida",[70] às nove cartas publicadas em janeiro seguiram-se uma segunda série em fevereiro (cartas 10 a 16) e uma última em junho (cartas 17 a 27), esta sob o título "A beleza suavizante". "Das cartas sobre educação estética", comunicou a Cotta quando do envio da série final, "não deve aparecer nada mais agora em *Die Horen*, para que, quando o livro surgir, o público também receba realmente um novo livro e não apenas a reimpressão de um antigo."[71] Como se sabe, Schiller não realizou esse projeto. Com pequenas correções e modificações, a edição definitiva de *Sobre a educação estética do homem* apareceria em 1801 no terceiro volume dos seus *Escritos menores em prosa*.[72]

Desde que planejara publicar suas cartas sobre educação estética no número de estreia de *Die Horen*, Schiller sabia que poderia contar com a resistência dos leitores.[73] Quando enviou os manuscritos da primeira série a Goethe, declarou que o seu "Debüt" na nova revista não continha nenhuma

[68]Cf. *Über die ästhetische Erziehung des Menschen in eine Reihe von Briefen*, in *NA* 20, *Philosophische Schriften: Erster Teil*, edição de Benno v. Wiese e Helmut Koopmann, 1962, 2ª carta, p. 312.

[69]Cf. carta a Goethe, Jena, de 27 de fevereiro de 1795. *NA* 27, 152.

[70]Carta a Hoven, 22 de novembro de 1794. *NA* 27, 92.

[71]Carta a Cotta, Jena, 12 de junho de 1705. *NA* 27, 192.

[72]Sobre a gênese de *Sobre a educação estética do homem*, cf. *NA* 21, *Philosophische Schriften: Zweiter Teil*, edição de Benno von Wiese e Helmut Koopmann, 1963, pp. 232–42.

[73]Cf. "Einführung", *NA* 27, 215–40.

"*captatio benevolentiae* do público". "No entanto", acrescentava, "não podia tratá-lo melhor, e estou certo de que o senhor é da minha opinião nesse assunto. Desejaria que o fosse também no restante, pois tenho de confessar que minha opinião séria e verdadeira fala nessas cartas."[74] Schiller referia-se aqui especialmente a suas opiniões políticas, mas outros aspectos de igual importância também seriam assinalados por Körner. Para ele, Schiller pressupunha um leitor já muito familiarizado com Kant – portanto, capaz de compreender o que no texto era antes postulado do que propriamente fundamentado. "No entanto, seu público é mais extenso que o de Kant", ponderava Körner.[75]

"O que você me diz sobre minhas cartas me alegra muito", escreveu Schiller, "e presumia mesmo este efeito. Que tive de postular muitas ideias kantianas sem oferecer formalmente com elas a comprovação era inevitável se uma tal matéria, que compreende o homem como um todo, devia ser tratada com essa concisão. O leitor deve pensar, isto nunca lhe pode ser poupado em matérias filosóficas; e se ele não encontra no contexto do todo a chave para as passagens mais difíceis, então não pode ser socorrido. Creio não ter estabelecido nada arbitrariamente; pois o artigo está talhado a partir de uma peça única. Cada parte está para o todo e o todo para cada parte. De resto, as cartas seguintes não se ocupam de outra coisa senão da exposição e aplicação ulteriores das proposições estabelecidas aqui."[76] Contudo, ao referir-se à série seguinte, Schiller previu a mesma reação: "Nesta segunda parte infelizmente merecerei ainda mais sua objeção de que eu kantianizo; mas não havia outra coisa a fazer na medida em que as razões últimas deviam ser desenvolvidas. No entanto, espero ter observado nisto uma simplicidade maior do que a que se esteve habituado até agora."[77] Ainda assim, Schiller contava com as críticas de

[74]Carta a Goethe, Jena, 20 de outubro de 1794. *NA* 27, 67

[75]Dresden, 7 de novembro de 1794. *NA* 35, 87–8

[76]Jena, 10 de novembro de 1794. *NA* 27, 80–1

[77]Jena, 19 de dezembro de 1794. *NA* 27, 105.

Körner para o melhor acabamento do texto. "A exposição abstrata, que certamente ainda tem muita carne e sangue para um tal tema, é algo pelo que você tem de me desculpar, pois creio que quedei-me no limite, e sem enfraquecer a concisão das demonstrações não teria de poder diminuir algo do rigor do estilo. No entanto, se você encontrar uma palavra ou uma locução que pudesse ser substituída por algo mais comum, chame a minha atenção para isto. Quero fazer tudo que minha humanidade permite."[78] Körner de fato contribuiu com observações e sugestões, ao que tudo indica, acolhidas por Schiller.[79]

As opiniões se dividiram quando as cartas começaram a ser publicadas. Hegel, então ainda um desconhecido preceptor em Berna, as recebeu como uma "obra prima": "Quão bem deve fazer a Kant ver os frutos do seu trabalho já em tão dignos sucessores. A colheita será um dia esplêndida!"[80] Como Goethe e Körner, o jovem Hölderlin também as aprovou com entusiasmo, mas talvez tenha sido o juízo de Kant o que mais sensibilizou Schiller: ele as julgara "excelentes".[81] "Kant me escreveu uma carta verdadeiramente de amigo; porém, pede um adiamento no que toca a *Die Horen.* Sobre minhas cartas estéticas, que elogiou muito, ele quer me escrever mais somente quando as tiver estudado. No entanto, me alegro só por termos o velho em nossa sociedade", escreveu Schiller a Körner, ainda a propósito do renovado convite a Kant para colaborar com a revista.[82] Não há registro de que Kant tenha escrito a Schiller a propósito das cartas, mas sabe-se que ele as leu com cuidado. No *Opus postumum*, um longo e importante trecho da 19ª carta apa-

[78]Jena, 5 de janeiro de 1795. *NA* 27, 115.

[79]Jena, 19 de janeiro de 1795. *NA* 27, 122–3.

[80]Carta a Schelling, 16 de abril de 1795. *NA* 27, 233

[81]Cf. carta de Kant a Schiller, Königsberg, 30 de março de 1795. *NA* 35, 181–2.

[82]Jena, 10 de abril de 1795. *NA* 27, 174.

rece transcrito sem aspas e sem qualquer referência à sua origem.[83]

Outros leitores, no entanto, faziam certas restrições, como foi o caso de Fichte, que discutiu duramente com Schiller no verão de 1795, quando teve recusada o que seria a sua segunda contribuição a *Die Horen*: o trabalho "Sobre espírito e letra na filosofia. Numa série de cartas". Uma das objeções de Fichte, indiretamente respondida por Schiller num artigo brilhante, "Dos limites necessários do belo, particularmente na apresentação de verdades filosóficas", em que estabelece as diferenças entre as formas de exposição científica, popular e estética,[84] consistia em que o estilo poético das cartas mesclava confusamente conceitos e imagens, deixando ao leitor a inoportuna tarefa de ter de verter na linguagem do entendimento o que era vazado livremente pela imaginação.[85] Curiosamente, o Príncipe de Augustenburg era da mesma opinião; mas, ao contrário de Fichte, não a comunicou a Schiller. Ao agradecer-lhe pelo envio dos dois primeiros números da revista, limitou-se a observar o seguinte: "Reencontrei com prazer vossas cartas estéticas em *Die Horen*. Mas como por causa do meu desconhecimento da linguagem e mesmo do conteúdo da filosofia crítica elas contêm muitas coisas obscuras para mim e que somente desaparecerão mediante uma leitura repetida e tranquila, assim prefiro ainda calar-me sobre aquelas cartas. No verão, que passarei no campo, com mais ócio e menos disperso, pretendo fazer de novo essa leitura."[86]

[83] I. Kant, *Gesammelte Schriften*, vol. 21, *Opus postumum Hälfte 1*. Berlim: Walter de Gruyter, 1973, p. 76.

[84] Publicado em *Die Horen* no número de setembro de 1795, Schiller fundiu esse artigo e "Sobre os perigos dos costumes estéticos" (*Die Horen*, novembro de 1795) num único texto: "Sobre os limites necessários no uso das formas belas" (*NA* 21, p. 3–27), publicado no segundo volume dos seus *Escritos menores em prosa* (1800). Sobre as teses de Schiller, cf. R. Barbosa, "Verdade e beleza. Schiller e o problema da escrita filosófica", in *Revista de Filosofia Seaf*, n° 4, 2004.

[85] Cf. carta a Schiller, 27 de junho de 1795, *NA* 35, p. 232.

[86] "De resto", concluía Friedrich Christian, "não é uma pequena alegria

O que Friedrich Christian aqui apenas insinua sobre a linguagem das cartas e as "muitas coisas obscuras" que teria nelas encontrado decorria de um juízo mais severo: "O bom Schiller não foi feito propriamente para ser filósofo. Ele carece de um tradutor que desenvolva com precisão filosófica o que é dito belamente de modo poético, que o traduza do poético na linguagem filosófica".[87] Já Louise, a irmã do Príncipe, pensava que o conteúdo das cartas só se revelava ao leitor suficientemente dotado de gênio artístico.[88] Não se pode dizer que ela estivesse inteiramente enganada.

O apoio dos amigos dinamarqueses, inicialmente previsto para três anos, estendeu-se ainda por mais dois,[89] cobrindo assim o período entre 1791 e 1795, no qual Schiller produziu praticamente toda a sua obra *filosófica*. Com o tratado "Sobre poesia ingênua e sentimental", publicado em *Die Horen* nos números de novembro e dezembro de 1795 e janeiro de 1796, Schiller encerraria um longo ciclo. "Há muito não me sinto tão prosaico como nesses dias, e já é tempo de fechar por um momento o ateliê filosófico. O coração anseia por um objeto palpável", disse a Goethe ao final

para mim encontrar tanto acordo com minhas convicções com o vosso modo de pensar sobre o que é necessário à humanidade. A melhora do estado da humanidade tem de partir do homem interior. Se isto não acontecer, todo edifício político, por mais belo que ele seja, logo cairá, e rudes paixões indomadas talvez servirão a uma morada ainda mais cômoda. Quase não se trata da forma, e sim do espírito pelo qual esta forma recebe vida. Se este espírito é o espírito da humanidade, então a desejada melhora acontecerá, pouco importa como a forma esteja constituída. Despertar, conservar, propagar esse espírito da humanidade também recai sobre o vosso destino, nobre homem, e espero e aguardo que o vosso mais recente empreendimento literário, justamente como alguns dos vossos trabalhos passados, será uma promoção disto. Meu interesse e meus desejos sempre vos acompanharão." Copenhague, 19 de março de 1795, *NA* 35, 173–4.

[87] *NA* 35, p. 528, *apud* H. Schulz, *Schiller und der Herzog von Augustenburg in Briefen*, p. 153.

[88] H. Schulz, *Schiller und der Herzog von Augustenburg in Briefen*, p. 153.

[89] Cf. carta de agradecimento de Schiller a Friedrich Christian, Jena, 5 de fevereiro de 1796, in *NA* 28, *Briefwechsel: Schillers Briefe 1. 7. 1795 – 31. 10. 1796*, edição de Norbert Oellers, 1969, p. 185.

de 1795, expressando o desejo de reabrir seu ateliê poético.[90] Ele estivera fechado justamente pelos cinco anos que durou aquele mecenato, mas o impulso de retornar à literatura, já consumado nos poemas que publicara na edição de setembro de *Die Horen*,[91] crescia à medida que o *Wallenstein* abria caminho em sua imaginação. Nos anos seguintes, Schiller acompanhou com interesse os passos de Fichte e dos mais jovens que chegavam em Jena, como Schelling e Hegel, mas não mais voltou à filosofia. Reaberta a oficina poética, nela Schiller trabalharia durante os próximos quase dez anos – o tempo que lhe restou de uma vida que, não fosse uma inesperada carta de Copenhague, teria sido ainda bem mais breve.

SOBRE OS ORIGINAIS DAS CARTAS E AS FONTES DESTA TRADUÇÃO

Na resposta de 10 de junho de 1794, em que prometera ao Príncipe cópias das cartas que lhe enviara no ano anterior, Schiller também se referiu a "um número de seis outras cartas, remetidas de Ludwigsburg a Vossa Alteza no inverno passado, e que continham a continuação de minhas considerações sobre o belo e o sublime".[92] Lamentavelmente, todo o material que Schiller dissera ter conservado também se perdeu. No entanto, um manuscrito de 62 páginas foi posteriormente descoberto no Arquivo da Casa Schleswig-Holstein, em Prinkenau. Ele continha cópias das duas cartas escritas em Jena a 9 de fevereiro e 13 de julho de 1793, de outras três (a primeira delas com um longo anexo) remetidas de Ludwigsburg a 11 e 21 de novembro e a 3 dezembro, bem como do início de uma carta datada apenas de dezembro de 1793 e escrita no mesmo local. Segundo

[90] *NA* 28, 132.

[91] Na carta a Friedrich Christian que acompanha a remessa dessa edição, Schiller se refere a esses escritos nascidos "depois de uma longa separação das musas poéticas". Jena, 5 de outubro de 1795. *NA* 28, 67.

[92] *NA* 27, 8.

informações do Arquivo do Estado de Schleswig-Holstein, obtidas em outubro de 1984 pelos editores do volume 26 da *Nationalausgabe*, tal manuscrito não mais se encontra lá.[93] Uma outra cópia, produzida em bela caligrafia, cobre 88 páginas de um caderno de capa preta, em formato próximo ao A5 e de excelente qualidade. Ela está depositada no *Arquivo alemão de literatura*, em Marbach am Neckar, a cidade natal de Schiller, e foi encontrada por A. L. J. Michelsen no espólio do Príncipe. Michelsen teve acesso a ambas as cópias, atestou a concordância entre elas e foi o primeiro a publicar estas cartas: elas apareceram na revista *Deutsche Rundschau* em 1876 e, no mesmo ano, em livro organizado pelo próprio Michelsen. Completava-se assim o trabalho de Max Müller, que publicara em 1875, naquela revista e em livro, a parte não filosófica da correspondência.

Este material foi incluído na primeira edição crítica da correspondência de Schiller, em sete volumes, aos cuidados de Fritz Jonas (1892–96). Uma nova edição das cartas ao Príncipe de Augustenburg foi organizada por Hans Schulz em 1905, mas a partir do caderno encontrado por Michelsen, o que resultou em inúmeras correções. No entanto, a edição de Schulz ainda é problemática, como mostrou Wolfhart Henckmann, que se deu ao trabalho de uma nova comparação das publicações até então existentes com aquele caderno, oferecendo assim uma nova edição das cartas (1967). Esta edição também foi reproduzida por Jürgen Bolten num volume dedicado a *Sobre a educação estética do homem* (1984). Por fim, o caderno de Marbach serviu de base tanto à edição de Rolf-Peter Janz (1992) quanto à do volume 26 da *Nationalausgabe*, organizado por Edith Nahler e Horst Nahler (1992), contendo a correspondência ativa de Schiller entre 1790 e 1794.

A tradução que se vai ler serviu-se de todas estas edições, pautando-se, porém, pela *Nationalausgabe*. De seu aparato

[93] *NA* 26, 672.

crítico foram extraídas diversas notas, cujas referências estão indicadas entre colchetes. As edições de Rolf-Peter Janz, de K. L. Berghahn (2000) e a *Berliner Ausgabe* das obras de Schiller (2005) foram igualmente úteis para a preparação das notas. Em diversos casos, poemas e trechos relevantes de outros escritos de Schiller, apenas referidos no aparato crítico destas edições, foram traduzidos, permitindo assim uma compreensão mais adequada de muitas passagens da correspondência.

A presente edição foi cotejada com a única tradução existente das cartas de Schiller ao Príncipe de Augustenburg escritas entre fevereiro e dezembro de 1793 (in F. Schiller, *Escritos de filosofía de la historia*. Murcia: Universidad, Secretariado de Publicaciones, 1991, p. 91–148).

A útil concordância entre os textos das cartas ao Príncipe e *Sobre a educação estética do homem*, que figura nas edições de Wolfhart Henckmann e de Klaus Berghahn, foi reproduzida ao final e complementada com a indicação do paralelismo existente entre uma passagem da carta de dezembro de 1793 e um parágrafo da 27ª carta sobre a educação estética. Para facilitar o uso da concordância os parágrafos das cartas de Schiller foram numerados entre colchetes.

BIBLIOGRAFIA

Schiller's Briefwechsel mit dem Herzog Friedrich Christian von Schleswig-Holstein-Augustenburg. Eingeleitet und herausgegeben von F. Max Müller. Berlim: Verlag von Gebrüder Paetel, 1875. Conteúdo: 1. O Príncipe de Augustenburg e Schimmelmann a Schiller (27.11.1791), 2. Schiller a Baggesen (16.12.1791), 3. Schiller ao Príncipe e a Schimmelmann (19.12.1791), 4. Schiller ao Príncipe, (10.6.1794), 5. Schiller ao Príncipe (20.1.1795), 6. Schiller ao Príncipe (4.3.1795), 7. O Príncipe a Schiller (19.3.1795), 8. Schiller ao Príncipe (5.4.1795), 9. Schiller ao Príncipe (9.6.1795), 10. Schiller ao Príncipe (5.7.1795), 11. Schiller ao Príncipe (5.10.1795), 12. Schiller ao Príncipe (9.1.1796), 13. Schiller ao Príncipe (5.2.1796).

"Briefe von Schiller an Herzog Christian von Schleswig-Holstein-Augustenburg über ästhetische Erziehung. In ihrem ungedruckten Urtexte herausgegeben von A. L. J. Michelsen", in *Deutsche Rundschau*, ano 2, vol. 7, fasc. 8, maio de 1876, p. 273–6 (Jena, 09.02.1793) e p. 276–84 (Jena,

13.07.1793); ano 2, vol. 7, fasc. 9, junho de 1876, p. 400–13 (Ludwigsburg, 11.11.1793, com o anexo); ano 2, vol. 8, fasc. 11, agosto de 1876, p. 253–8 (Ludwigsburg, 21.11.1793), p. 259–67 (Ludwigsburg, 03.12.1793) e p. 267–8 (Ludwigsburg, dezembro de 1793).

Briefe von Schiller an Herzog Friedrich Christian von Schleswig-Holstein-Augustenburg über ästhetische Erziehung. In ihrem ungedruckten Urtexte herausgegeben von A. L. J. Michelsen. Berlim: Verlag von Gebrüder Paetel, 1876.

Schillers Briefe. Kritische Gesamtausgabe. 7 vols. Edição de Fritz Jonas. Stuttgart, Leipzig, Berlim, Viena: Deutscher Verlagsanstalt, 1892–96. Vol. III.

Schiller und der Herzog von Augustenburg in Briefen. Mit Erläuterungen von H. Schulz. Jena: Eugen Diederichs, 1905.

Über die ästhetische Erziehung des Menschen. Briefe an den Augustenburger, Amkündigung der 'Horen' und letzte, verbesserte Fassung. Mit einen Vorwort herausgegeben von Wolfhart Henckmann. Munique: Wilhelm Fink, 1967.

Schillers Briefe über die ästhetische Erziehung. Edição de Jürgen Bolten. Frankfurt am Main: Suhrkamp, 1984.

Briefe an den Herzog Friedrich Christian von Augustenburg, in F. Schiller, *Werke und Briefe.* 12 vols. Vol. 8:

Theoretische Schriften. Edição de Rolf-Peter Janz, com a colaboração de Hans Richard Brittnacher, Gerd Kleiner e Fabian Störmer. Frankfurt am Main: Deutscher Klassik Verlag, 1992.

Werke. Nationalausgabe. Weimar: Hermann Böhlaus Nachfolger, 1943 ss. Vol. 26, *Briefwechsel: Schillers Briefe* 1. 3. 1790 – 17. 5. 1794, edição de Edith Nahler e Horst Nahler, 1992; vol. 27, *Briefwechsel: Schillers Briefe* 1794 – 1795, edição de Günther Schulz, 1958; vol. 28, *Briefwechsel: Schillers Briefe 1. 7. 1795 – 31. 10. 1796*, edição de Norbert Oellers, 1969; vol. 34.I, *Briefwechsel. Briefe an Schiller 1. 3. 1790 – 24. 5. 1794 (Text)*, edição de Ursula Naumann, 1991; vol. 34.II, *Briefwechsel: Briefe an Schiller 1. 3. 1790 – 24. 5. 1794 (Anmerkungen)*, edição de Ursula Naumann, 1997; vol. 35, *Briefwechsel: Briefe an Schiller 25. 5. 1794 – 31. 10. 1795*, edição de Günter Schulz e Lieselotte Blumenthal, 1993.

Über die ästhetische Erziehung des Menschen. Edição de K. L. Berghahn. Stuttgart: Reclam, 2000.

Sämtliche Werke in zehn Bänden. Berliner Ausgabe. Edição de Hans-Günther Thalheim, Peter Fix, Jochen Golz, Waltraud Hagen, Matthias Oehme, Regine Otto e Barthold Pelzer. Vol. 8, *Philosophische Schriften.* Berlim: Aufbau-Verlag, 2005.

CULTURA ESTÉTICA E LIBERDADE

CARTAS AO PRÍNCIPE DE AUGUSTENBURG

[FEV.–DEZ. 1793]

SCHILLER A FRIEDRICH CHRISTIAN VON AUGUSTENBURG

Jena, 9 de fevereiro de 1793[1]

Sereníssimo Príncipe!

[1] Que eu tenha observado um silêncio tão longo perante vós, é uma ofensa que infligi a mim mesmo e não a *vós*, e pela qual mereço antes vosso pesar que vossa indignação.[2]

[1]In: *NA* 26, nº 152, 183-7.

[2]Segundo a *Nationalausgabe* (*NA* 26, 674), essa carta ao Príncipe foi motivada pelas que este e Baggesen escreveram a Reinhold, ambas com pedidos de notícias sobre Schiller. Suas últimas cartas ao Príncipe e a Baggesen datavam respectivamente de 19 de dezembro de 1791 e 9 de janeiro de 1792 e foram respondidas a 17 de janeiro e a 29 de março de 1792. Depois disso, Schiller não mais voltou a corresponder-se com eles, o que os deixou preocupados, como se lê na carta do Príncipe a Reinhold, de 3 de janeiro de 1793: "Recomende-me também a Schiller. Há muito Baggesen nada mais tem a responder às minhas perguntas sobre ele. Este silêncio me inquietaria se os seus trabalhos literários recém aparecidos não fossem testemunhos de sua aplicação e, assim, de sua saúde que retorna" (Otto Güntter (org.), *Marbacher Schillerbuch*. Stuttgart e Berlim, 1905–1909, vol. 2, p. 397). A carta de Baggesen a Reinhold, datada de 1° de janeiro de 1793, seguiu junto com a do Príncipe. Intranquilo por não mais receber notícias do próprio Reinhold e também pelo fato de que sua mulher não obtivera resposta às cartas que enviara à mulher de Reinhold e à de Schiller, Baggesen já não mais sabia como julgar o "eterno silêncio de Schiller": "Nem o Príncipe nem Schimmelmann – não me incluo aqui – sabe se ele está vivo, como ou onde ele vive. Temo muito que ele esteja doente" (Karl e August Baggesen, *Aus Jens Baggesen's Briefwechsel mit Karl Leonhard Reinhold und Friedrich Heinrich Jacobi. In zwei Theilen*. Leipzig, 1831, vol. 1, p. 242).

Reinhold recebeu as duas cartas a 6 de fevereiro de 1793 e respondeu em seguida a Baggesen (a carta não traz o dia em que foi escrita, apenas o mês e o ano: fevereiro de 1793): "Logo quando recebi sua última carta fiz Schiller saber, através de um amigo em comum que estava justamente em minha casa e ia ter

[2] Durante todo este tempo vítima da hipocondria,[3] sumamente incerto sobre minha saúde e como que paralisado em minhas forças corporais e espirituais, sentia-me totalmente inapto para elevar-me à serena disposição de espírito que com prazer gostaria de vos mostrar. Mas nos poucos e

com ele, da saudação do Príncipe e da sua menção ao seu silêncio. Creio que ele já escreveu. Não o vejo há mais de três meses, mas sei que ele dá preleções sobre estética e pensa em publicar uma parte de suas preleções na próxima Páscoa" (Karl e August Baggesen, *Aus Jens Baggesen's Briefwechsel...*, vol. 1, p. 248).

Na verdade, o que Schiller pensava em publicar na próxima Páscoa era o diálogo *Kallias ou sobre a beleza*, como dissera a Körner em 21 de dezembro de 1792 (*NA* 26, 170–1). Schiller ofereceu suas preleções sobre estética no semestre de inverno de 1792–93. Do material para as preleções, muito provavelmente também aproveitado em suas cartas a Körner de janeiro e fevereiro de 1793 sobre *Kallias*, Schiller extraiu diversos artigos: "Sobre a arte trágica", publicado em 1792 na revista *Neue Thalia*, que ele editava, e republicado em 1802 no quarto volume dos seus *Escritos menores em prosa*; "Do sublime. Para um desenvolvimento de algumas ideias kantianas" e "Sobre o patético", publicados em 1793 em *Neue Thalia* (vol. 3, nº 3 e 4, respectivamente) como partes de um trabalho maior, cuja continuação foi anunciada, mas não escrita. De resto, apenas o trabalho sobre o patético foi incluído nos *Escritos menores em prosa* (1801, vol. 3), ao lado de um texto inédito, "Sobre o sublime", cuja primeira redação remonta provavelmente a 1793. Já os "Pensamentos sobre o uso do comum e do baixo na arte" só foi publicado em 1802 no quarto volume dos *Escritos menores em prosa*, ao passo que as "Observações sobre diversos objetos estéticos" apareceu em outubro de 1794 em *Neue Thalia* e, numa versão reduzida, naquele volume dos *Escritos menores em prosa*.

Sobre as preleções de estética e o projeto de *Kallias*, cf. F. Schiller, *Fragmentos das preleções sobre estética do semestre de inverno de 1792–93*. Tradução e introdução de Ricardo Barbosa. Belo Horizonte: Editora UFMG, 2004 e F. Schiller, *Kallias ou sobre a beleza. A correspondência entre Schiller e Körner, janeiro-fevereiro de 1793*. Tradução e introdução de Ricardo Barbosa. Rio de Janeiro: Jorge Zahar, 2002.

[3]Como esclarecem os editores da *Nationalausgabe*, "hipocondria não significava no século XVIII – como hoje – sobrestimação de insignificantes sinais de doença num estado de ânimo depressivo, e sim designava doenças abdominais e, como se acreditava, a melancolia delas resultante" [*NA* 26, 674]. Além disso, Schiller sofria de peritonite e pleurisia, o que suscitava dores abdominais nos momentos de crise resultantes de sua doença pulmonar (cf. *Berliner Ausgabe*, vol. 8, p. 1016). Lembre-se que Schiller formara-se em medicina, embora contra a sua vontade.

claros raios de sol de minha vida até agora, ao menos trabalhei, para não ser de todo indigno de vós, meu eternamente venerado Príncipe; e oferecer uma prova disso, tanto a vós como ao vosso nobre amigo,[4] foi o que me interessou e ocupou vivamente durante todo este tempo. Esperava com toda certeza concluir este trabalho neste inverno e entregá-lo assim nas mãos daqueles a quem ele pertence com pleno direito; pois a quem senão a vós ambos, meus Excelentíssimos, agradeço a felicidade inestimável e longamente desejada de poder seguir o livre pendor do meu espírito? Mas os meus acessos, sempre recorrentes, causaram-me tantas interrupções que dificilmente posso esperar o término deste trabalho antes do fim do verão.[5] Como, porém, minha saúde parece aos poucos se restabelecer, encaro o futuro com alegre ânimo.

[3] O empreendimento, Magnânimo Príncipe, no qual me arrisquei (pois uma vez que estou a confessar, quero também nada mais calar) é algo temerário, eu o reconheço, mas uma inclinação irresistível chamou-me a isto. Minha incapacidade atual de praticar a própria arte, para o que é preciso um espírito fresco e livre, proporcionou-me um ócio oportuno para refletir sobre os seus princípios. A revolução no mundo filosófico abalou a base sobre a qual a estética estava erguida e lançou ao chão o que até agora era o seu

[4]Schiller se refere aqui ao Conde Ernst von Schimmelmann.

[5]Para os editores da *Nationalausgabe*, o trabalho que Schiller esperava terminar naquele inverno e adiou para o fim do verão era o diálogo *Kallias ou sobre a beleza*, pois na carta a Körner de 21 de dezembro de 1792, em que se refere pela primeira vez a este projeto, Schiller diz que gostaria de publicá-lo "na próxima Páscoa". A "continuação" anunciada ao final da última carta a Körner sobre *Kallias* (28 de fevereiro de 1793) não se deu propriamente, e sim a publicação de "Sobre graça e dignidade", em junho, em *Neue Thalia* e em separata. Além disso, a referência ao "final do verão" coincide com o que Schiller dissera a Fischenich em carta de 11 de fevereiro de 1793 sobre *Kallias*: "De início, queria publicar minhas novas ideias sobre o belo num diálogo filosófico; porém, como meus planos se estenderam, quero dispor de mais tempo para isto e deixar minhas ideias germinarem completamente" (*NA* 26, 118).

 sistema, se se pode dar a ele este nome. Como de modo algum preciso vos dizer, meu Príncipe, Kant, em sua crítica da faculdade do juízo estética, já começou a aplicar os princípios da filosofia crítica ao gosto e a preparar os fundamentos para uma nova teoria da arte onde estes não estavam dados. Mas, pelo modo como tudo se afigura agora no mundo filosófico, a estética poderia ser bem a última a chegar a experimentar uma regeneração. Nossos mais excelentes pensadores ainda têm muito o que fazer com a metafísica,[6] e parece que o direito natural e a política ainda exigem uma atenção mais detida.[7] Assim, por este lado parece nascer pouca luz para a filosofia da arte, e numa época em que o espírito humano examina e ilumina todos os campos do saber, somente ela parece ter de permanecer em sua habitual obscuridade.

[6]Este era o caso especialmente daqueles que se moviam na esfera de influência da filosofia kantiana, ainda que manifestando-se contra ela. Que se pense, por exemplo, em Friedrich H. Jacobi (1745–1819) e no seu famoso escrito "Sobre o idealismo transcendental", veiculado como apêndice de sua obra *David Hume sobre a crença, ou idealismo e realismo* (1787), em Karl Leonhard Reinhold (1757–1823) e suas *Cartas sobre a filosofia kantiana* (publicadas de agosto de 1786 a setembro de 1787 em *Teutscher Merkur* e reunidas em livro, revistas e ampliadas, em 1790–2), no *Ensaio de uma nova teoria da faculdade representativa humana* (1789) e no primeiro volume das suas *Contribuições para a retificação dos mal-entendidos ocorridos até agora entre os filósofos* (1790), restrito aos fundamentos de sua filosofia elementar, no Salomon Maimon (1751–1800) do *Ensaio sobre a filosofia transcendental* (1790) e do *Dicionário filosófico* (1791) e em Gottlob Ernst Schulze (1761–1833), o autor de *Enesidemo ou sobre os fundamentos da filosofia elementar apresentada em Jena pelo Sr. Prof. Reinhold, com uma defesa do ceticismo contra as pretensões da crítica da razão* (1792), uma obra que irá abalar as convicções filosóficas do jovem Fichte, o autor do *Ensaio de uma crítica de toda revelação* (1792).

[7]Schiller se refere ao impacto causado pela Revolução Francesa. Ao final da segunda carta de *Sobre a educação estética do homem* será formulada explicitamente a tese, aqui apenas prefigurada, pela qual o nexo entre o *estético* e o *político* é estabelecido e justificado o caráter aparentemente extemporâneo de uma investigação sobre o belo e a arte num momento histórico em que todas as atenções se voltam para a criação de uma nova ordem social: "deixo a beleza preceder a liberdade", escreve Schiller: "para resolver na experiência aquele problema político tem-se de caminhar através do estético, pois é pela beleza que se vai à liberdade" (*NA* 20, 312).

[4] Creio que ela merece um destino melhor e concebi a audaciosa ideia de me tornar o seu cavaleiro.[8] Em verdade, por ora posso fornecer apenas algumas ideias fugazes com este fim, pois minha vocação para o filosofar é ainda muito indecisa, mas tentarei entregar-me a ela. Para a fundação de uma teoria da arte, parece-me, não é suficiente ser filósofo; é preciso ter praticado a própria arte, e isto, creio, me dá algumas vantagens sobre aqueles que sem dúvida serão superiores a mim em conhecimento filosófico. Um exercício bastante prolongado da arte proporcionou-me a oportunidade de observar a natureza em mim mesmo naquelas operações que não se aprende pelos livros. Mais que qualquer um dos que na Alemanha são meus irmãos na arte, aprendi pelos *erros*, e parece-me que isto, mais que o caminho seguro de um gênio que nunca se equivoca, conduz à clara inteligência no santuário da arte. Isto é aproximadamente o que sei invocar de antemão como justificativa para o meu empreendimento; a sequência mesma tem de decidir o restante. | 57

[5] E junto a vós, meu Venerável Príncipe, não precisarei de nenhuma apologia por desejar ver o mais eficaz de todos os móbeis do espírito humano, a arte formadora da alma, elevada à categoria de uma ciência filosófica. Quando reflito sobre o vínculo do sentimento do belo e do grande com

[8]Mais uma vez, Schiller se refere aqui indiretamente ao projeto de *Kallias*, sobre o qual escreveu a Fischenich a 11 de fevereiro de 1793: "Aqui [em Jena], ouve-se ressoar em todas as ruas as palavras forma e conteúdo; quase não se pode mais dizer nada de novo na cátedra, a não ser que a gente se proponha não ser kantiano. [...] Minhas preleções sobre estética me introduziram com bastante profundidade nesta matéria complicada e me obrigaram a chegar a conhecer a teoria de Kant com tanta exatidão quanto é preciso para não ser um mero repetidor. Estou efetivamente no caminho de refutá-lo e de atacar sua afirmação de que não é possível um princípio objetivo do gosto, pois estabeleço um tal princípio. [...] Estudei Kant e, além disso, ainda li os outros estetas mais importantes. Este estudo contínuo me conduziu a alguns resultados importantes, os quais, espero, resistirão à prova da crítica" (*NA* 26, 118).

a parte mais nobre do nosso ser,[9] é-me impossível considerá-lo como um jogo apenas subjetivo da faculdade de sentir, o qual não é capaz de outra coisa senão de regras empíricas.[10] Como a verdade e o direito, parece-me que também a beleza tem de repousar sobre fundamentos eternos, e as leis originais da razão têm de ser também as leis do gosto. A circunstância, porém, de que *sentimos* e não conhecemos a beleza parece abater toda esperança de encontrar um princípio universalmente válido para ela, pois todo juízo proveniente desta fonte é apenas um juízo de experiência. Habitualmente, considera-se uma explicação da beleza como fundamentada apenas porque ela está em concordância com a sentença do sentimento em casos singulares, ao passo que, se houvesse efetivamente um conhecimento do belo a partir de princípios, dever-se-ia ser fiel à sentença do sentimento apenas porque ela está em concordância com a explicação do belo. Ao invés de se examinar e retificar seus sentimentos segundo princípios, examinam-se os princípios estéticos segundo seus sentimentos.[11]

[9]Rolf-Peter Janz observa que essa referência ao "sentimento do belo e do grande" remete à "distinção corrente no século XVIII entre o belo e o sublime, que Schiller conserva e busca superar ao final de 'Sobre graça e dignidade' ". Cf. F. Schiller, *Werke und Briefe*. 12 vols. Vol. 8: *Theoretische Schriften*. Edição de Rolf-Peter Janz, com a colaboração de Hans Richard Brittnacher, Gerd Kleiner e Fabian Störmer. Frankfurt: Deutscher Klassiker, 1992, p. 1381. Já a "parte mais nobre do nosso ser", com a qual tanto o belo como sublime estariam em relação, é a razão, especialmente a razão pura prática como o fulcro da autonomia, da liberdade humana.

[10]Schiller alude aqui à tese de Kant, segundo a qual seria impossível um princípio objetivo do gosto. Cf. I. Kant, *Crítica da faculdade do juízo*, §§ 17 e 33-35.

[11]Schiller formulara o mesmo argumento em sua carta a Körner escrita poucos dias antes, a 25 de janeiro de 1793: "A dificuldade de estabelecer objetivamente um conceito da beleza e de legitimá-lo inteiramente *a priori* a partir da natureza da razão, de modo que a experiência a rigor o confirme cabalmente, mas que não careça de modo algum desse pronunciamento da experiência em prol de sua validade, essa dificuldade é quase ilimitada. Eu realmente tentei uma dedução do meu conceito do belo, mas não se pode passar sem o testemunho da experiência. Essa dificuldade permanece sempre, pois

[6] Este é o nó cujo desate infelizmente mesmo Kant considera impossível. Portanto, o que vós direis, Magnânimo Príncipe, sobre a ideia de um iniciante, que somente desde ontem lançou um olhar no interior do santuário da filosofia, de ainda encontrar uma solução para este problema depois da explicação de um tal homem? De fato, nunca teria tido ânimo para tal coisa se a própria filosofia de Kant não me proporcionasse os meios para isto. Esta fecunda filosofia, da qual com tanta frequência se diz que apenas sempre demole e nada constrói,[12] fornece, segundo minha convicção atual,

minha explicação é admitida meramente porque se acha que ela concorda com os juízos de gosto singulares, e não (como no entanto deve ser num conhecimento a partir de princípios objetivos) porque se acha que seu juízo sobre o belo singular na experiência é correto por estar de acordo com a minha explicação. Você dirá que isso é exigir demais; mas enquanto não se chegar até esse ponto, o gosto permanecerá sempre empírico, o que Kant, do mesmo modo, considera inevitável. Mas é justamente dessa inevitabilidade do empírico, dessa impossibilidade de um princípio objetivo para o gosto que não posso ainda me convencer" (*NA* 26, 175; *Kallias ou sobre a beleza*, p. 42). Cf. tb. F. Schiller, *Fragmentos das preleções sobre estética do semestre de inverno de 1792–93*, § 11, Sobre as condições objetivas da beleza e §12, Relação do belo com a razão, pp. 66–83.

[12]Com humor fraterno, Moses Mendelssohn referia-se a Kant como "der Alleszermalmer" – "o triturador de tudo". Schiller dirigiu-se criticamente contra Kant – e pela primeira vez num escrito – em "Sobre graça e dignidade". Ambos nunca chegaram a discutir pessoalmente, pois jamais se encontraram. Existem apenas duas cartas de Schiller a Kant e uma deste àquele; mas também aqui não há nenhuma espécie de discussão. Como se sabe, Schiller não criticava Kant apenas porque este julgava impossível um princípio objetivo para o belo e o gosto; ele também não aceitava o seu rigorismo moral, contra o qual reivindicava os direitos da sensibilidade. Esta crítica, formulada em "Sobre graça e dignidade", mas já presente na correspondência com Körner sobre *Kallias*, foi respondida por Kant numa longa nota à segunda edição (1794) de *A Religião nos limites da simples razão* (1793), na qual se refere respeitosamente às opiniões de Schiller. A primeira carta de Schiller a Kant, de 13 de junho de 1794, consiste sobretudo num agradecimento por esta menção, ao passo que a segunda, de 1º de março de 1795, reforça o convite que lhe fora feito em meados do ano anterior para que colaborasse em *Die Horen*. Acompanhando esta carta, Schiller enviou os dois primeiros números da revista, em que publicara dois terços das cartas sobre a educação estética do homem, sobre as quais esperava conhecer a opinião de Kant. Em sua resposta, de 30 de março, Kant disse que as considerava

60 | as sólidas pedras fundamentais para erguer também um sistema da estética, e somente a partir de uma ideia preconcebida do seu criador posso explicar para mim mesmo que ele ainda não tenha logrado este mérito. Longe de considerar-me como aquele a quem isto está reservado, quero ao menos tentar saber quão longe me leva o caminho descoberto. Caso ele não me leve logo à meta, ainda assim não está totalmente perdida uma viagem na qual a verdade é buscada.

[7] Isto me conduz a um pedido, o qual desejaria, meu Excelentíssimo Príncipe, que pudesse encontrar acolhida junto a vós. Antes de apresentar ao próprio público minhas ideias sobre a filosofia do belo, desejava estar autorizado a vos remetê-las, por partes, numa série de cartas dirigidas a vós. Esta forma mais livre dará à exposição das mesmas mais individualidade e vida, e o pensamento de que falo convosco e sou ajuizado por vós dará a mim mesmo um interesse mais elevado pela minha matéria. Um sentido puro e lúcido para a verdade, unido a uma calorosa receptividade para tudo o que é belo, bom e grande, é a propriedade de poucos mortais, e particularmente os nossos muitíssimos eruditos encontram-se tão timidamente afivelados aos seus sistemas que um modo de representação algo incomum não pode penetrar no seu peito blindado com tripla camada de

"excelentes" e fez uma promessa a Schiller: "vou estudá-las para um dia poder manifestar ao senhor minhas ideias a respeito." (I. Kant, *Gesammelte Werke*, vol. 12, *Briefwechsel 1795–1803*, Akademie-Ausgabe, p. 10.) Infelizmente, Kant não chegou a cumprir esta promessa. Seja como for, a atitude de Kant para com Schiller, especialmente no que diz respeito ao único ponto sobre o qual este se manifestara publicamente até então – o rigorismo moral – o deixou um tanto perplexo. Numa carta a Jacobi escrita a 29 de junho de 1795, ou seja, praticamente um mês depois da última carta que recebera de Kant, Schiller expressou em poucas palavras não só sua atitude teórica diante de Kant, mas o estado em que este o deixara ao reagir tão bem às suas críticas: "Onde meramente derrubo e procedo ofensivamente contra outras opiniões (*Lehrmeinungen*), sou estritamente kantiano; apenas onde construo encontro-me em oposição a Kant. No entanto, ele me escreve dizendo que está inteiramente satisfeito com minha teoria: portanto, ainda não sei muito bem como me coloco diante dele" (*NA* 27, 206).

bronze. Poucos são aqueles nos quais o terno sentimento da beleza não é sufocado pela abstração, e menos ainda os que estimam o esforço de filosofar sobre suas sensações. Tenho de esquecer inteiramente que sou ajuizado por tais homens, e posso desenvolver minhas ideias e sentimentos apenas para espíritos livres e serenos que se encontram acima do pó das escolas e guardam em si as centelhas da pura e nobre humanidade.

[8] Tanto mais tomareis por bem, meu eternamente muito estimado Príncipe, que procure assegurar-me de um presente tão raro que as Graças[13] me levaram através de vós e apoderar-me do nobre laço que a filosofia e o gosto, apesar de toda distância nessas relações, meneiam entre os amigos da sabedoria e da beleza. Estas duas divindades também me traçarão os limites no interior dos quais me é lícito servir-me desta liberdade, e nunca me permitirão estender meus desejos para além de às vezes poder ocupar alguns momentos de vossa vida dedicada à felicidade do mundo[14] com as minhas visões filosófico-poéticas. Com a admiração e o amor mais respeitosos, sou

o mais grato servidor
de Vossa Alteza,

F. Schiller

[13]As três Graças (ou Cárites): Eufrosina, Aglaé (Abgail) e Talia.

[14]Em 1790 o Príncipe assumiu a comissão para a reforma da universidade de Copenhague e das escolas dinamarquesas.

FRIEDRICH CHRISTIAN VON AUGUSTENBURG A SCHILLER

Copenhague, c. *março de 1793*[1]

[1] VOSSA CARTA de 9 de fevereiro, meu muito prezado Senhor Conselheiro Áulico, à parte o interessante conteúdo da mesma,[2] deixou-me extremamente alegre já pela certeza do

[1]A In: *NA* 34.I, n° 204, 247–8. In: *Nationalausgabe* apresenta a seguinte justificativa para a datação dessa carta: "Schulz a data, com ponto de interrogação, de 15 de março de 1793. Que a carta foi escrita em meados de março é o que se deixa supor a partir de uma carta não datada do Duque Friedrich Christian a sua irmã Luise, que responde a uma carta de 1° de março, onde se lê: 'Agradeço-lhe por enviar-me de novo pelo próximo correio a carta de Schiller. É tempo de respondê-la.' (Hans Schulz, *Aus dem Briefwechsel des Herzogs Friedrich Christian zu Schleswig-Holstein. Briefanhang zur Biographie 1910*, Stuttgart e Leipzig, 1913, p. 108)" [*NA* 34.II, 408].

[2]Naquela carta à sua irmã, o Príncipe se refere criticamente a Schiller.

"Agradeço-lhe por enviar-me de novo pelo próximo correio a carta de Schiller. É tempo de respondê-la. Se lhe entendi corretamente, você levantou um problema por ocasião dessa carta.

Como é possível, depois que se concedeu que a beleza pode ser sentida, mas não conhecida, descobrir os fundamentos eternos que estão à base do sentimento do belo, pois o sentimento e, portanto, o juízo sobre a beleza pode ser apenas subjetivamente e, para nós, homens, nunca objetivamente verdadeiro?

A escola de onde venho admite precisamente tanto quanto a de vocês a impossibilidade de conhecer a verdade objetiva. Unicamente à base do subjetivamente verdadeiro encontra-se algo de universal, encontram-se fundamentos, e estes devem ser procurados nas disposições, na condição peculiar da organização corporal e espiritual humana. Não deveria haver regras do belo assim como há regras do verdadeiro e do bem? No entanto, todas essas regras têm de ser abstraídas da natureza do espírito humano e da natureza das relações humanas, caso elas devam ser certas e seguras. Sem dúvida, porém, para isso é necessário que se conheça com exatidão a natureza do homem e a condição de suas relações.

Você então também admite a opinião de que existem ideias morais funda-

retorno de vossa saúde perdida. Assim, está dada agora a esperança de que o vosso gênio fecundo, do qual o amigo da humanidade, o amante da ciência e da arte está autorizado a esperar ainda muitas coisas, não será arrancado da Terra tão logo como tivemos de temer até agora. Não é uma lisonja excessiva se vos digo que poucas notícias poderiam ser mais agradáveis para mim do que esta.

[2] Aceito com muito prazer a correspondência oferecida por vós. A perspectiva que essa oferta me concede lisonjeia o meu amor próprio e o desejo de saber. Vossas cartas me oferecerão tanto ensinamento quanto entretenimento, e serei, isso vos prometo, um aluno atencioso e agradecido.

[3] Mas se sempre vos entenderei? Se para isso é exigida apenas a filosofia em geral e não o conhecimento de uma espécie de filosofia em particular, então creio que sim. Não vos surpreenda com essa pergunta! Vós sois, como percebo, um fervoroso adorador da filosofia kantiana, e confesso-vos que sei muito pouco dessa filosofia, que assim também não entendo a linguagem técnica kantiana. Estou por isso suficientemente desculpado. Na época em que estudei filosofia teórica,[3] a *Crítica da razão pura* de Kant havia aparecido recentemente[4] e ainda não despertava nenhuma surpreen-

mentais, inatas ao homem e independentes de toda experiência, e de que sem estas é impossível conhecer a vontade da divindade. Isto não devia estar por demais dito?" [*NA* 34.II, 409].

[3]"O Príncipe foi aluno de Platner em Leipzig em 1783–4. Platner acompanhou o Príncipe em sua viagem de repouso a Karlsbar em 1791. Reinhold, um kantiano, não via com bons olhos a influência de Platner sobre o Príncipe. Sobre isso, Baggesen escreveu-lhe o seguinte a 28 de maio de 1791: 'No que diz respeito a Platner, o senhor se engana se acredita que ele estará em condição com todos os aforismos de impingir ao Príncipe uma opinião danosa sobre a filosofia do senhor. A causa pela qual o príncipe o escolheu como seu acompanhante é *nobre* e *grande*. Ele vê tão bem como nós o cavalo de batalha de Platner e a fisionomia orgulhosa e presunçosa com a qual ele chegava (*darauf einhertrabt*); mas ele se sente ligado a ele, pois desfrutou do seu ensino, uma vez que Platner, se não despertou, ao menos nutriu nele o amor pela ciência e a sabedoria, e sobretudo porque ele foi seu professor, uma relação que é muito sagrada para o Príncipe' (Baggesen-Reinhold, 1, pp. 31–2)" [*NA* 34.II, 409–10].

[4]A *Crítica da razão pura* fora publicada em Riga, em 1791 [*NA* 34.II, 410].

dente atenção universal. Imediatamente depois de transposto a uma cena ruidosa,[5] não tive nem tempo nem oportunidade de me deixar introduzir na escola de Kant.[6] Eu o conheço apenas a partir das narrativas dos meus amigos[7] e das querelas as quais ele, com tanta frequência, dá ocasião em conversações sociais; e – por que devo calá-lo? – na medida em que é permitido ousar um tal juízo à base de conhecimento tão pobre como o meu, sinto-me atraído antes contra do que a favor de sua filosofia. Muitos dos seus resultados parecem-me extravagantes; não tenho em geral nenhuma confiança especial em grandes revoluções que tudo abalam; talvez o fervor excessivo e impaciente de muitos entre os seus adoradores que conheço, que, enquanto tra-

[5]O Príncipe se refere aqui ao seu retorno a Copenhague e aos encargos que assumira a serviço do Estado depois da conclusão dos seus estudos na Universidade de Leipzig [*NA* 34.II, 410].

[6]"Isto não mais estava totalmente correto neste momento. Em março de 1791 o Príncipe escreveu a Platner: 'A filosofia de Kant ainda me é em grande parte desconhecida. Apenas uma vez, pelo urgente chamamento de um dos seus entusiastas adoradores, meti a cabeça em sua escola. No entanto, como não via nada a não ser destroços e essa visão me tornava mal-humorado, não continuei a seguir adiante' (H. Schulz, *Aus dem Briefwechsel des Herzogs Friedrich Christian zu Schleswig-Holstein*, p. 89). Em maio de 1792 Platner enviara ao Príncipe e a sua mulher um tratado mais longo em forma de carta sobre a filosofia kantiana (cf. 161, 5)" [*NA* 34.II, 410].

[7]"Foi particularmente Baggesen quem quis tornar Friedrich Christian em discípulo de Kant. Em 1790 ele dera para o Príncipe ler as *Cartas sobre a filosofia kantiana* de Reinhold. Sobre o seu módico sucesso escreveu a Reinhold a 19 de dezembro de 1791: 'Tudo que me resultou bem até agora limita-se a que ele respeita a nossa filosofia, que ele não mais aprecia extremamente Platner como homem, que ele não mais o lê como escritor, que ele me concedeu que sua filosofia não satisfaz – e que ele está rendido de todo *coração* ao senhor. Eu o levei não apenas a não odiar a nova filosofia, mas também a amá-la mais que a qualquer outro sistema dele conhecido (com exceção do seu individual). Não me foi permitido levá-lo à fonte pura por causa de sua saúde – excitada por mil esforços e desagradáveis circunstâncias políticas e físicas, ela o teria resfriado e matado ao invés de saciado a sua sede.' (Baggesen-Reinhold, 1, 124). Cf. tb. a carta de Friedrich Christian a sua irmã Luise de 14 de fevereiro de 1791 (H. Schulz, *Aus dem Briefwechsel*..., p. 87–8). – Também o casal Schimmelmann tentara conquistar o Príncipe para Kant" [*NA* 34.II, 410].

tavam com aviltante desprezo tudo o que é não kantiano ou antikantiano, e ao mesmo tempo através de um palavrório ininteligível e vago, ou da ânsia com a qual procuraram tornar compreensíveis para eles mesmos os seus conceitos, deram-me uma prova de que eles mesmos eram discípulos ainda não instruídos e, assim, não estavam em condições de pronunciar um juízo decisivo sobre o valor de sistemas filosóficos – talvez este fervor impaciente tenha tido também alguma influência sobre a minha aversão ao estudo sério dos escritos de Kant, o qual em geral exige mais tempo e esforço do que posso empregar nisso. Talvez, e mesmo através de amigos[8] que ajuízam Kant não sem alguma hostilidade, eu tenha sido enchido demais de preconceitos contra ele.

[4] Esta confissão custar-me-ia muito caro se por causa dela vós devêsseis se encontrar inclinado a desistir da vossa correspondência sobre o assunto escolhido. Mas não vos deixeis deter por esta confissão para dar início àquela. Não sou um homem de sistema, um erudito filosófico de ofício. Meu peito não está blindado com triplo bronze. Ele, posso dizê-lo ousadamente, está aberto para toda verdade, pouco importa a vestimenta em que ela possa aparecer, e naquele em quem ela se apresentará, o favorecido das Musas e das Graças,[9] um homem que amo e aprecio tão particularmente, ela encontrará em mim duplo acesso.

[8]"Antes de tudo, o próprio Platner" [*NA* 34.II, 410].

[9]As nove Graças: Calíope, Clio, Érato, Euterpe, Melpômene, Polímnia, Tália, Terpsícore e Urânia.

SCHILLER A FRIEDRICH CHRISTIAN VON AUGUSTENBURG

Jena, 13 de julho de 1793[1]

Sereníssimo Príncipe!

[1] Quanto vós me honrastes com a magnânima aceitação de meu pedido, autorizando-me a vos apresentar os resultados de minhas investigações sobre o belo numa série de cartas. Pudesse o prazer que esta inestimável prova de vossa benevolência me concede ser ainda elevado por algo, isto se daria pela explicação[2] com a qual vós acompanhastes a permissão que me foi concedida. Vós me dispensais, Magnânimo Príncipe, dos grilhões de uma apresentação dogmática e tornais para mim um dever justamente o que *quisera* vos solicitar como um favor. A liberdade de apresentação, que Vossa Alteza exige, não é uma coerção, mas uma necessidade para mim, e generosamente vós me deixais a aparência de um mérito onde sequer tenho uma escolha. Demasiadamente pouco familiarizado com o uso de formas escolares para pecar pelo abuso das mesmas, estarei ao menos seguro perante o perigo de cansar *metodicamente* vossa paciência. Minha filosofia não renegará sua origem, e, se devia fracassar, antes afundar-se-á nos abismos e nos turbilhões da imaginação poetizante do que encalhará nos áridos bancos de areia das secas abstrações. Fruto do meu próprio refletir, e criada a partir do meu limitado círculo de experiência, culpar-se-á a si mesma muito mais por qualquer outro erro

[1] In: *NA* 26, n° 184, 257–68.

[2] Como esclarece o aparato crítico da *Nationalausgabe*, a explicação à qual Schiller se refere é a declaração do Príncipe em sua carta anterior, segundo a qual ele não seria "um homem de sistema, um erudito filosófico de ofício".

que pelo do sectarismo, e antes cairá por sua própria fragilidade que manter-se-á de pé por autoridade e ajuda estranha. Mesmo onde me associarei à filosofia crítica (e não nego que isto deva acontecer com muita frequência), espero respeitar a liberdade do vosso espírito e ganhar de vossa razão autoreguladora (*selbstrichtenden*) um assentimento voluntário.

[2] A rigorosa pureza e a forma escolástica na qual muitas proposições kantianas são apresentadas dão-lhes uma dureza e uma singularidade que são estranhas ao seu conteúdo, e despidas desta capa, aparecem então como as velhas exigências da razão universal. As verdades filosóficas, como notei frequentemente, têm de ser encontradas numa outra forma e aplicadas e difundidas numa outra. A beleza de um edifício não se torna visível antes que se retirem as ferramentas do pedreiro e do carpinteiro e seja demolido o andaime por trás do qual foi levantado. Mas a maioria dos discípulos de Kant deixava arrancar antes o espírito que a maquinaria do seu sistema, e justamente por isso tornam manifesto que se parecem mais com o trabalhador que com o construtor.[3]

[3] Não posso vos dizer suficientemente, Excelentíssimo Príncipe, quão agradavelmente me surpreendeu vossa confissão de que estais desgostoso pela intolerância dos nossos reformadores filosóficos do mundo, e que pareceis estender este receio também a mim, aumenta, se isto é possível, minha veneração pelo vosso espírito e eleva minha confiança, pois justamente isto é o único erro do qual espero permane-

[3]"Presumivelmente, Schiller não pensava nessa passagem em nenhum representante determinado da filosofia de Kant. Ele queria manifestamente apenas ir neste ponto ao encontro da argumentação de Friedrich Christian von Augustenburg. Cf. também o xênio 'Kant e seus intérpretes' (*NA* 1, 315). – A caracterização proposta não é o caso pelo menos para os mais importantes partidários de Kant, como porventura Carl Christian Ehrhard Schmid (1761–1812), Reinhold (1758–1823) e seus discípulos ou Jakob Sigismund Beck (1761–1840)" [*NA* 26, 741].

O referido xênio diz o seguinte: "Como um único rico dá de comer a tantos mendigos! / Quando os reis constroem, os carreiros têm o que fazer."

cer livre. Vossa maneira liberal[4] de pensar proporciona-me a feliz liberdade de apenas seguir minhas próprias convicções, independentemente de todo sistema. O reino da razão é um reino da liberdade e nenhuma servidão é mais vergonhosa do que a que se sofre sobre este solo sagrado. Mas muitos que se estabelecem sobre este sem competência interior, demonstram que não nasceram livres, apenas são deixados livres.

[4] Contudo, se por vezes tornar verdadeiros vossos receios, apesar de uma tão viva aversão diante da mania de sistema, Magnânimo Príncipe, e me perder nas infrutíferas estepes da especulação, então vós enviareis as Graças em meu socorro e chamareis o errante de volta ao caminho correto. Solicito de Vossa Excelência que não me dispense de nada, que nada me perdoe. Não tolereis que eu defenda a causa da beleza com armas que não são dignas da beleza, que fira as prescrições do gosto no mesmo momento em que apresento a prova para sua validade.

[5] Mas não deveria poder fazer talvez um uso melhor da liberdade que me é concedida por Vossa Alteza do que vos apresentar minhas ideias sobre a beleza e a bela arte? Não é *extemporâneo* preocupar-se com as necessidades do mundo *estético* onde os assuntos do mundo *político* apresentam um interesse tão mais imediato?[5]

[4]Como nota Rolf-Peter Janz, "em torno de 1800 'liberal' significa frequentemente: sem coerção, generoso" (F. Schiller, *Werke und Briefe*. 12 vols. Vol. 8: *Theoretische Schriften*, p. 1381).

[5]"A Revolução Francesa foi rica em acontecimentos dramáticos em 1792–93. A proclamação da República em 1792, a execução de Luís XVI a 21 de janeiro de 1793, a fundação da República de Mainz em março de 1793, o fracasso da gironda e sua queda a 2 de junho de 1793 foram alguns dos eventos que forçaram um interesse e exigiram uma avaliação política" [*NA* 26, 741].

A execução de Luís XVI acusou especial aversão a Schiller. Ele, que costumava seguir os acontecimentos revolucionários pela leitura da *Gazette national ou le Moniteur universel*, manifestou sua reação à ascenção do *terreur* no desfecho de uma carta a Körner de 8 de fevereiro de 1793: "O que você me diz do que se passa na França? Eu efetivamente já comecei um escrito a favor do rei, mas não me senti bem com isso, e assim ele ainda se encontra aqui diante de mim.

[6] Amo acima de tudo a arte e o que está relacionado com ela, e minha inclinação, confesso, lhe dá prioridade diante de qualquer outra ocupação do espírito. Mas não se trata aqui do que a arte é para *mim*, e sim de como ela se comporta diante do espírito humano em geral e, em particular, diante da *época* na qual me lanço como seu advogado.

[7] Não gostaria de viver num outro século e de atuar em prol de um outro. É-se tanto cidadão da época quanto cidadão do mundo, cidadão do Estado, pai de família.[6] Se se acha indecoroso e ilícito absolver-se dos costumes e dos usos do povo no qual se permanece e do círculo no qual se vive, por que deveria ser um dever menor orientar-se na escolha de sua atividade segundo o gosto e a necessidade da época?

[8] O que é bom em si, poder-se-ia talvez dizer, é bom todo o tempo, e isto é toda investigação da verdade. Mas existem muitas verdades a ser investigadas, e na escolha que se faz entre elas convém, na minha opinião, uma voz decisiva à necessidade da época e ao gosto da época.

Há 14 dias que não mais posso ler nenhum jornal francês, tanto me repugnam esses miseráveis carrascos" (*NA* 26, 183; *Kallias ou sobre a beleza*, p. 60). Cf. tb. R. Barbosa, *Schiller e a cultura estética*. Rio de Janeiro: Jorge Zahar, 2004, pp. 20–1.

[6] "O conceito do cidadão do mundo (*Weltbürger*), generalizado desde o século XVII como a forma germânica para cosmopolita, tornou-se corrente em virtude do Esclarecimento (*Aufklärung*) do século XVIII e em sua autocompreensão no sentido de atuar pelo conjunto da humanidade. Na cena da audiência do *Dom Carlos* de Schiller ele é empregado neste sentido emancipatório (*NA* 6, 179, verso 3533; cf. tb. *NA* 7 II, 328 e 427). Essa representação de uma cidadania mundial refletia-se – particularmente em numerosos dramas do tipo retrato de famílias – na imagem do pai de família (no título, por exemplo, *Pai de família alemão*, de Otto Heinrich von Gemmingen, por sua vez refigurado no *Pai de família* de Diderot). Também o conceito de cidadão do Estado, que ganhara um significado atual através de Rousseau, encontrava-se numa relação de tensão com o conceito de cidadão do mundo. Na presente passagem, porém, Schiller acentuava o que era comum a todos estes conceitos, posto num compromisso responsável com um todo maior ou menor, e assim também o conceito de cidadão da época (*Zeitbürger*) deveria ser compreendido aqui para além da mera coetaneidade (*Zeitgenossenschaft*)" [*NA* 26, 741–2].

[9] No entanto, parece que esta voz não se manifesta de modo algum em proveito da bela arte. O curso dos acontecimentos no âmbito político e a marcha do espírito humano no âmbito literário deram ao gênio da época uma tal direção que ele se distancia cada vez mais da arte *idealizante*. Esta tem de abandonar a realidade e elevar-se com uma certa ousadia sobre a necessidade do presente, pois a arte é uma filha da liberdade. Agora, porém, impera a necessidade, e a pressão da situação física, a dependência do homem de mil relações que o agrilhoam e o enredam cada vez mais com a realidade não ideal, impede o livre voo às regiões do ideal. Mesmo a razão especulativa arranca à imaginação uma província depois da outra, e os limites da arte se estreitam quanto mais a *ciência* estende os seus.

[10] Mas agora é particularmente a obra de criação política o que ocupa quase todos os espíritos.[7] Os acontecimentos neste último decênio do século dezoito não são para os filósofos menos exortadores e importantes do que, aliás, o são para o ativo *homem do mundo*, e Vossa Alteza poderia, pois, com duplo direito, esperar que fizesse desta notável matéria objeto da conversação escrita que vós me concedestes com tanta generosidade e benevolência.

[11] Uma lei do sábio Sólon condena o cidadão que não toma partido numa rebelião.[8] Se houve um caso ao qual esta lei poderia ser aplicada, então este parece ser o do presente, onde o grande destino da humanidade está posto em questão e portanto, como parece, não se pode permanecer neutro sem se tornar culpado da mais punível indiferença diante do que tem de ser o mais sagrado para o homem.

[7]Schiller se refere aqui à Revolução Francesa, à qual critica duramente nos parágrafos seguintes, confrontando-a com as exigências filosóficas da revolução burguesa. Cf. R. Barbosa, *Schiller e a cultura estética*, pp. 21–4.

[8]Como informa a *Nationalausgabe* (*NA* 26, 742), Schiller alude a um passo da biografia de Sólon escrita por Plutarco. No ensaio histórico "A legislação de Licurgo e de Sólon", publicado na revista *Thalia* (n° 11, 1790), Schiller se refere a essa passagem (*NA* 17, 438–9). Sólon é também citado no poema "Os artistas" (*NA* 1, 202, verso 48), mas dessa vez "com um leve ceticismo" [*NA* 26, 743].

Uma nação rica em espírito, plena de coragem e por muito tempo considerada como modelo[9] começou a abandonar violentamente o seu estado social positivo e a recair no estado de natureza, para o qual a razão é a única e absoluta legisladora. Este grande litígio tem de interessar, pelo seu *conteúdo* e suas *consequências*, a todo aquele que se chama homem, tanto quanto, pelo seu *modo de proceder*, particularmente a todo aquele que pensa por si mesmo. Um assunto cuja decisão teria cabido sempre apenas ao direito do mais forte e à conveniência tornou-se pendente diante do tribunal da *razão pura*, e se arroga pelo menos como se quisesse ser julgado segundo *princípios*. Todo homem que pensa por si mesmo está, porém, autorizado (na medida em que é capaz de generalizar o seu modo próprio de representação e de estender seu indivíduo à espécie) a se ver como um jurado daquele tribunal da razão, assim como, enquanto homem e cidadão do mundo, é ao mesmo tempo parte, vendo-se assim implicado no resultado. Não é apenas sua própria *causa* que é decidida neste grande litígio, e sim que este é também sentenciado segundo *leis* as quais, como participante representante da razão, está autorizado a ditar e obrigado a manter.

[12] O que poderia então ser mais atraente e interessante para mim, Excelentíssimo Príncipe, que envolver-me no interior deste grande objeto com um pensador tão rico em espírito quanto humano cidadão do mundo, que envolve com belo entusiasmo o grande todo da humanidade, cujo sentido lúcido e livre de preconceito reflete pura e sinceramente a razão? Uma conversação deste teor teria para mim um encanto tanto maior quanto mais a posição a partir da qual *eu*, o homem privado, observo o mundo político é diferente daquela a partir da qual o *vós*, o Príncipe e o ativo homem de Estado, mira desde cima a maré dos acontecimentos. Mas o que pode ser mais encantador que encontrar um ao outro no *modo de pensar*, quando as *relações* externas promo-

[9]Naturalmente, trata-se da França.

vem o mais amplo afastamento, e, a partir de uma distância ainda tão incomensurável no mundo real, convergir no mesmo ponto central do mundo das ideias?

[13] Que eu resista a esta atraente tentação e traga como sugestão à conversação escrita que Vossa Alteza quer me conceder uma matéria tão afastada da conversa predileta da época, não é devido a uma inclinação preponderante por este objeto, embora jamais me envergonharei de uma tal inclinação. Minha escolha não foi determinada por minha predileção pela arte, mas por um princípio, e creio poder justificá-lo. Se já no *tratamento* do meu objeto posso quando muito pretender vossa indulgência, gostaria então de ter vossa aprovação no tocante à *escolha* do mesmo.

[14] Fosse verdadeiro o fato – tivesse ocorrido realmente o caso extraordinário de que a legislação política fora confiada à razão, de que o homem fora respeitado e tratado como um fim em si mesmo,[10] de que a lei fora elevada ao trono e a verdadeira liberdade tornada em fundamento do edifício do Estado, então queria despedir-me eternamente das musas e dedicar toda minha atividade à mais magnífica de todas as obras de arte, à monarquia da razão. Mas este fato é justamente o que ouso pôr em dúvida. Sim, estou tão longe de crer no início de uma regeneração no âmbito político, que os acontecimentos da época antes me tiram por séculos todas as esperanças disso.

[15] Antes que estes acontecimentos ocorressem, Magnânimo Príncipe, podia-se quando muito afagar-se com a doce ilusão de que a influência imperceptível, mas ininterrupta,

[10] O respeito ao homem como um fim em si mesmo (*Selbstzweck*) é um motivo central da filosofia prática de Kant e, como lembra Rolf-Peter Janz (F. Schiller, *Werke und Briefe*. 12 vols. Vol. 8: *Theoretische Schriften*, p. 1381), remete à segunda formulação do imperativo categórico: "Aja de modo que uses a humanidade, tanto em tua pessoa como na pessoa de qualquer outro, sempre ao mesmo tempo como fim, nunca simplesmente como meio" (I. Kant, *Grundlegung zur Metaphysik der Sitten*, *AA* 4, 429). A *Nationalausgabe* refere as obras de Kant sempre pela sigla *AA* (*Akademie-Ausgabe*), ou seja, a edição da Real Academia Prussiana de Ciências.

das cabeças pensantes, os germes da verdade há séculos disseminados,[11] o tesouro de experiência acumulado teriam de ter disposto gradualmente os ânimos para a recepção do melhor, e assim preparado uma época em que a filosofia poderia assumir a construção moral do mundo e a luz triunfar sobre as trevas. Avançou-se a tal ponto na cultura teórica que mesmo as colunas mais veneráveis da superstição começavam a vacilar, já abalando o trono de preconceitos milenares. Nada mais parecia faltar do que o *sinal* para a grande transformação e uma união dos ânimos. Ambas estão dadas – mas como isto resultou?

[16] A tentativa do povo francês de estabelecer-se nos seus sagrados direitos humanos[12] e conquistar uma liberdade política trouxe a lume apenas a incapacidade e a indignidade do mesmo, e lançou de volta à barbárie e à servidão não apenas este povo infeliz, mas, com ele, também uma considerável parte da Europa, e um século inteiro. O momento era o mais favorável,[13] mas encontrou uma ge-

[11] "Não se deve admitir que Schiller quisesse caracterizar determinadas doutrinas filosóficas singulares. Ele procurou antes uma fórmula que explicasse os sistemas racionalistas do século XVII e XVIII, ou seja, a filosofia do Esclarecimento pré-kantiana como um todo. Tanto a simpatia por uma crença energicamente otimista no progresso, para que aponta sua preleção inaugural, como também a atitude crítica e mesmo cética assumida entrementes sobressaem em seguida" [*NA* 26, 743]. – Alude-se aqui à famosa preleção inaugural de Schiller na Universidade de Jena: "O que significa e com que fim se estuda a história universal?" (*NA* 17, 359–76), proferida a 26 de maio de 1789.

[12] "A concepção política da filosofia do Esclarecimento burguesa resultava numa igualdade natural de todos os homens e derivava disso exigências de direitos humanos que se diferenciaram de modo cada vez mais forte nos séculos XVII e XVIII até a Convenção Nacional Francesa, com sua *Declaração dos direitos do homem e do cidadão*, de 26 de agosto de 1789, garantir juridicamente, orientando-se pela declaração de independência americana bem como por Rousseau e Montesquieu, os direitos de liberdade, propriedade, segurança e resistência contra a tirania, relativos ao bem comum. Os direitos humanos entraram na primeira constituição revolucionária francesa de 3 de setembro de 1791 e foram finalmente ainda essencialmente ampliados e concretizados na constituição jacobina de 24 de junho de 1793" [*NA* 26, 743].

[13] Como lembra o aparato crítico da *Nationalausgabe* (*NA* 26, 743), este mesmo motivo retornaria posteriormente no xênio "O momento": "O século

ração corrompida que não mais lhe era merecedora e não soube nem dignificá-lo nem utilizá-lo. O uso que ela fez e faz deste grande presente do acaso demonstra incontestavelmente que o gênero humano[14] ainda não se livrou da violência tutelar, que o regime liberal da razão chega demasiado cedo onde mal se está pronto para se defender da brutal violência da animalidade, e que aquele, a quem ainda falta muito para a liberdade *humana*, ainda não está maduro para a liberdade *civil*.

[17] Em seus feitos, o homem se pinta – e que quadro é este que se nos apresenta no espelho da época atual? Aqui o mais revoltante embrutecimento, lá o extremo oposto do afrouxamento: os dois mais tristes descaminhos nos quais o caráter humano pode se perder, unidos numa época.

[18] Nas classes inferiores nada vemos senão impulsos rudes e sem lei que se desprendem do vínculo suprimido da ordem civil correndo em busca, com o indócil furor, de sua satisfação animal. Não foi, portanto, a resistência moral interior, mas apenas a violência da coação externa o que até agora deteve o seu rompante. Não foram, portanto, homens livres que o Estado reprimira, não, foram apenas animais selvagens que ele pôs em correntes salutares. Tivesse o Estado efetivamente reprimido a humanidade, como se o inculpam, ter-se-ia então de ver a humanidade depois de ele ter sido destruído. Mas o espólio da repressão *externa* apenas torna visível a *interna*, e o despotismo selvagem dos instintos trama todos aqueles crimes que nos repugnam no mesmo grau e nos causam arrepios.

deu à luz uma grande época, / Mas o grande momento encontra uma pequena estirpe" (*NA* 1, 313).

[14] "Ao cético ajuizamento de uma transformação da sociedade é oposta, daqui em diante, a exigência plenamente esperançosa de uma formação (*Ausbildung*) do indivíduo. Essa ideia também foi ironicamente tratada nos xênios ('Época de ouro', *NA* 1, 313)" [*NA* 26, 743].

Eis o que diz o xênio citado: "Se os homens tornam-se melhores no todo? Creio que sim, pois individualmente, / Procure-se como quiser, não se vê nada disso."

[19] Por outro lado, as classes civilizadas nos oferecem o espetáculo ainda mais deplorável do afrouxamento, da fraqueza de espírito e de uma degradação do caráter que é tanto mais revoltante quanto mais a própria cultura participa disto. Não me lembro mais qual filósofo, antigo ou moderno,[15] observou que o mais nobre é o mais abjeto em sua corrupção, mas a experiência o confirma também aqui. Quando a cultura degenera, ela transita a uma corrupção de espécie bem mais maligna do que a barbárie jamais pode experimentar. O homem sensível não pode precipitar-se a um nível mais baixo que o animal; mas se cai o homem esclarecido, então ele cai ao nível diabólico e atiça um jogo perverso com o que a humanidade tem de mais sagrado.

[20] O Esclarecimento,[16] do qual as camadas mais altas de nossa época não sem razão se vangloriam, é apenas cultura teórica e mostra, tomado como um todo, uma influência tão pouco enobrecedora sobre as convicções que antes ajuda apenas a fazer da corrupção um sistema e torná-la irremediável. Um epicurismo mais refinado e consequente começou a sufocar toda a energia do caráter, e o grilhão das necessidades, cada vez mais firmemente estrangulador,

[15]Platão, *A República* VI, 491d.

[16]"A tomada de posição crítica de Schiller diante do Esclarecimento como 'cultura teórica' das 'camadas mais altas' lembra a crítica de Rousseau à civilização, expressa em 1759 no *Discurso sobre as ciências e as artes*; a problemática social de um desenvolvimento aparentemente brilhante da ciência e da arte caiu assim na luz da consciência pública. – Kant explicara no seu escrito 'Resposta à pergunta: o que é Esclarecimento?' (1784): '*Esclarecimento é a saída do homem de uma menoridade auto-inculpável. Menoridade* é a incapacidade de se servir do seu próprio entendimento sem a direção de outrem. [...] *Sapere aude*! Tenha coragem de se servir do seu *próprio* entendimento! é, pois, a divisa do Esclarecimento. (Kant *AA* 8, 35.) Essa definição recebeu um acento particular mediante o complemento: 'Coloquei o ponto principal do Esclarecimento [...] preferencialmente em *questões religiosas*' (Kant *AA* 8, 41)" [*NA* 26, 743].

Sobre o conceito de Esclarecimento e o seu princípio – o libertar-se de toda *superstição*, ou seja, do *preconceito* segundo o qual a natureza não estaria submetida à legalidade do entendimento (o que para Kant era o maior de todos os preconceitos), cf. *Crítica da faculdade do juízo*, § 40.

a aumentada dependência da humanidade do elemento físico levou gradualmente a que a máxima da passividade e da obediência doentia valha como a suprema regra de vida; daí a estreiteza no pensar, a falta de força no agir, a lamentável mediocridade no produzir que, para sua vergonha, caracterizam nossa época. E assim vemos o espírito da época oscilar entre a barbárie e a frouxidão, a incredulidade e a superstição, a rudeza e a delicadeza, e é apenas o *equilíbrio dos vícios* que ainda mantém coeso o todo.

[21] Ora, e é esta a humanidade, gostaria de perguntar, por cujos direitos o filósofo se empenha, que o nobre cidadão do mundo tem em pensamento e na qual um novo Sólon[17] gostaria de realizar suas ideias de uma constituição de Estado?[18] Duvido muito. Apenas sua capacidade de agir como um ser ético dá ao homem direito (*Anspruch*) à liberdade; mas um ânimo capaz apenas de determinações sensíveis é tão pouco digno da liberdade como receptível a ela. Toda reforma que deve ter consistência tem de partir do modo de pensar, e onde impera uma corrupção nos princípios, nada de saudável, nada de bom pode germinar. Apenas o caráter do cidadão cria e sustenta o Estado, e torna possível a liberdade política e civil. Pois se a sabedoria mesma descesse em pessoa do Olimpo e implantasse a mais perfeita constituição, ela no entanto teria de entregar a execução aos homens.

[22] Se me é pois permitido, Magnânimo Príncipe, dizer minha opinião sobre as expectativas e necessidades políticas do presente, confesso que considero extemporânea toda

[17]Vide nota 8. "A legislação de Sólon resolveu uma crise social de Atenas sobre a base de um compromisso. Sua reforma limitou os direitos da aristocracia, conseguiu estabelecer o princípio da propriedade privada e aplainou o caminho para desenvolvimentos democráticos" [*NA* 26, 744].

[18]"Nos séculos XVII e XVIII, o conceito do contrato social propagara-se como uma importante categoria política. Ele se baseava nas doutrinas do direito natural e foi – através de Hobbes e Locke, entre outros – desenvolvido no sentido de uma teoria do convívio social sobre o fundamento de um contrato entre indivíduos, dirigindo-se contra formas de governo despóticas e absolutistas. A obra de Rousseau *Do contrato social* (1762) resumiu essas tendências com sua exigência de uma soberania popular" [*NA* 26, 744].

 tentativa de uma constituição de Estado a partir de princípios (pois qualquer outra é mera obra de emergência e remendo), e como quimérica toda esperança nela fundada, até que o caráter da humanidade tenha sido novamente elevado de sua profunda decadência – um trabalho para mais de um século. Entretanto, ouvir-se-á falar de muito abuso revogado, de muita tentativa de reforma feliz nos detalhes, de muito triunfo da razão sobre o preconceito, mas o que dez grandes homens construíram aqui, cinquenta cabeças débeis derrubarão de novo acolá. Em outras partes do mundo serão tiradas as correntes aos negros, e na Europa serão colocadas nos espíritos. Mas enquanto o princípio supremo dos Estados testemunhar um revoltante egoísmo, e enquanto a tendência do cidadão estiver limitada apenas ao bem estar físico, temo que a regeneração política, que se acreditou tão próxima, continuará a ser um belo sonho filosófico.

[23] Deve-se pois desistir de aspirar por isto? Deve-se deixar justamente a mais importante de todas as questões humanas a um arbítrio legal, a um acaso cego, enquanto que o reino da razão é estendido a olhos vistos para aquele outro lado? Nada disso, Magnânimo Príncipe. A liberdade política e civil permanece sempre e eternamente o mais sagrado de todos os bens, a mais digna meta de todos os esforços e o grande centro de toda cultura – mas se se quer construir este magnífico edifício apenas sobre o sólido fundamento de um caráter enobrecido, ter-se-á então de começar a criar cidadãos para a constituição antes de poder se dar uma constituição aos cidadãos.

[24] Talvez devêsseis me objetar, Sereníssimo Príncipe, que há um círculo aqui, e que o caráter do cidadão depende tanto da constituição quanto esta repousa sobre o caráter do cidadão. Admito isto e afirmo pois que, para evitar este círculo, *ou* tem-se de pensar no meio de auxiliar o Estado sem o socorro do caráter, *ou* aproximar-se do caráter sem necessidade do Estado. A primeira afirmação contém uma contradição, pois não deixa imaginar nenhuma constituição que fosse independente da convicção dos cidadãos. Mas talvez

se encontre recurso pela segunda, e se deixem abrir fontes para o enobrecimento do modo de pensar que não sejam derivadas do Estado e que se conservem puras e claras apesar de todas as falhas do mesmo.

[25] Como se sabe, atua-se sobre o caráter pela *retificação dos conceitos* e pela *purificação dos sentimentos.* Daquela se ocupa a cultura *filosófica*, desta, preferencialmente a cultura *estética.* O esclarecimento dos conceitos não pode consegui-lo sozinho, pois da cabeça ao coração há ainda um amplo caminho e a maior parte dos homens é de longe determinada por sensações para o agir. Mas o coração apenas é um guia igualmente inseguro e a mais delicada sensibilidade (*Empfindsamkeit*) torna-se apenas uma presa mais fácil da exaltação (*Schwärmerei*) quando um entendimento lúcido não a conduz. A saúde da cabeça terá pois de reunir-se com a pureza da vontade, se o caráter deve chamar-se perfeito.

[26] A necessidade mais urgente da nossa época parece-me ser o enobrecimento dos sentimentos e a purificação ética da vontade, pois muito já foi feito pelo esclarecimento do entendimento. Não nos falta tanto em relação ao conhecimento da verdade e do direito quanto em relação à eficácia deste conhecimento para a determinação da vontade, não nos falta tanta *luz* quanto *calor*,[19] tanta cultura filosó-

[19] "Cf. o poema 'Luz e calor' (*NA* 1, 383)" [*NA* 26, 744]. Escrito na primavera de 1797, o poema foi publicado pela primeira vez no *Almanaque das Musas do ano de 1798. Licht und Wärme* / Der beßre Mensch tritt in die Welt / Mit fröhlichem Vertrauen; / Er glaubt, was ihm die Seele schwellt, / Auch außer sich zu schauen, / Und weiht, von edlem Eifer warm, / Der Wahrheit seinen treuen Arm. // Doch Alles ist so klein, so eng; / Hat er es erst erfahren, / Da sucht er in dem Weltgedräng / Sich selbst nur zu bewahren; / Das Herz, in kalter, stolzer Ruh, / Schließt endlich sich der Liebe zu. // Sie geben, ach! nicht immer Gluth, / Der Wahrheit helle Strahlen. / Wohl Denen, die des Wissens Gut / Nicht mit dem Herzen zahlen. / Drum paart, zu eurem schönsten Glück, / Mit Schwärmers Ernst des Weltmanns Blick. / [O homem melhor pisa no mundo / Com alegre confiança; / Ele acredita ver também fora dele / O que lhe infla a alma, / E no calor do nobre zelo entrega / À verdade seu braço fiel. // Mas tudo é tão pequeno, tão estreito; / Ele percebeu somente

fica quanto estética. Considero esta última como o mais eficaz instrumento da formação do caráter e, ao mesmo tempo, como aquele que deve ser mantido inteiramente independente da situação política e, portanto, mesmo sem a ajuda do Estado.

[27] E é aqui, Magnânimo Príncipe, que a arte e o gosto[20] tocam os homens com sua mão formadora e demonstram sua influência enobrecedora. As artes do belo e do sublime vivificam, exercitam e refinam a faculdade de sentir, elevam o espírito dos prazeres grosseiros da matéria à pura complacência nas meras formas[21] e o habituam a in-

agora, / Então busca, nos apertos do mundo, / Preservar apenas a si mesmo; / O coração em fria, orgulhosa tranquilidade, / Enfim se fecha ao amor. // Ah! Os claros raios da verdade / Nem sempre dão ardor. / Felizes aqueles que o bem do saber / Não pagam com o coração. / Por isso, para a vossa mais bela felicidade, / uni-vos à seriedade exaltada do olhar do homem do mundo.]

[20]Rolf-Peter Janz observa o seguinte sobre essa passagem: "Diferentemente das *cartas estéticas*" – ou seja, *Sobre a educação estética do homem* –, "nas cartas ao Príncipe de Augustenburg o 'gosto' pertence aos conceitos-guia e possui vários significados. Gosto é tanto a condição da produtividade artística como faculdade de ajuizamento, sentido para o belo (a ser adquirido pela formação) e instrumento para a disciplinarização dos afetos. O gosto é também parte do *habitus* social, assegurando o manejo do 'bom tom'. Quem tem gosto e quem não o tem é para Schiller algo indiscutível. Nas 'classes mais finas', o gosto vela pelo respeito às normas morais; na 'massa do povo' a religião assume essa tarefa [cf. carta de 3 de dezembro de 1793, § 29]. As cartas ao Príncipe frequentemente empregam os termos gosto, beleza e arte também como sinônimos. O gosto compreende, ao lado do belo, ocasionalmente também o sublime. Nas cartas *Sobre a educação estética* o conceito do gosto recua em face do conceito do belo. As cartas ao Príncipe têm em vista antes de tudo a formação estética como cultivo do gosto, do que se espera um 'enobrecimento' do caráter. As cartas ao Príncipe, como também as sobre a educação estética, confiam à arte a reconquista da identidade perdida do homem e a harmonização da sociedade. – Somente na versão de 'As Horas' Schiller encontra os meios filosóficos, como é o caso do conceito de jogo, para tornar sagaz o potencial de reconciliação da arte." (F. Schiller, *Werke und Briefe*. 12 vols. Vol. 8: *Theoretische Schriften*, p. 1382.)

[21]"Uma consideração semelhante sobre o caráter indireto do efeito estético sobre o espírito humano encontra-se no poema 'Os artistas' (versos 174–8; cf. *NA* 1, 205–6)" – [*NA* 26, 744].

Eis aqui os versos: Zum erstenmal genießt der *Geist* / erquickt von ruhigeren Freuden, / die aus der Ferne nur ihn weiden, / die seine Gier nicht in

troduzir a auto-atividade também em suas fruições. Mas o verdadeiro refinamento dos sentimentos consiste sempre em que é proporcionado um quinhão à natureza superior do homem e à parte divina de sua essência, de sua razão e sua liberdade.

> Wenn Sinnes Lust und Sinnes Schmerz,
> Vereinigt um des Menschen Herz
> Den tausendfachen Knoten schlingen,
> Und zu dem Staub ihn niederziehn
> Wer ist sein Schutz? Wer rettet ihn?
> Die Künste, die an goldnen Ringen
> Ihn aufwärts zu der Freiheit ziehn,
> Und durch den Reiz veredelter Gestalten
> Ihn zwischen Erd und Himmel schwebend halten.[22]

sein Wesen reißt, / die im Genusse nicht verscheiden. [Pela primeira vez goza o *espírito*, / refrescado por tranquilas alegrias, / que desde longe somente a ele apascentam, / cuja avidez não rompe em seu ser, / e não fenecem no gozo.]

Rolf-Peter Janz faz a seguinte observação acerca da tese de Schiller, segundo a qual os efeitos do belo e do sublime nas artes "vivificam, exercitam e refinam a faculdade de sentir, elevam o espírito dos prazeres grosseiros da matéria à pura complacência nas meras formas e o habituam a introduzir a auto-atividade também em suas fruições": "Schiller vê a realização específica da formação estética, do 'refinamento dos sentimentos', na desmaterialização do prazer estético. No belo, o apresentado (*das Dargestellte*) não deve aprazer, e sim apenas sua configuração exitosa." (F. Schiller, *Werke und Briefe*. 12 vols. Vol. 8: *Theoretische Schriften*, p. 1382.)

[22]"Quando o prazer dos sentidos e a dor dos sentidos, / Unidos em torno do coração do homem / Atam o nó de mil voltas / E o lançam ao pó, / Quem é sua proteção? Quem o salva? / As artes, que em anéis dourados / O alçam à liberdade, / E pelo atrativo de formas enobrecidas / O mantém suspenso entre a Terra e o céu." "Os versos citados provêm de uma versão inicial, não conservada, do poema 'Os artistas'. Eles provavelmente pertenciam a uma configuração originária do texto, da qual foi enviada uma versão refundida a Körner em 12 de janeiro de 1879. Possivelmente tratava-se da estrofe que faltava nesta, que Schiller mencionou na carta a Körner e restituiu de memória (cf. *NA* 25, 184). Cf. tb. n° 117 e respectivas elucidações" [*NA* 26, 744]. Segundo Rolf-Peter Janz, trata-se da primeira ou da segunda versão do poema (cf. F. Schiller, *Werke und Briefe*. 12 vols. Vol. 8: *Theoretische Schriften*, p. 1381). Eis a passagem da carta de Schiller a Körner a que se refere a nota da *Nationalausgabe*: "Segue aqui o

[28] Em verdade, não cabe negar que também a arte (a discursiva tanto como a plástica) se adapta de bom grado ao espírito do século. Quando o gosto *ajuizador* se volta para o vulgar e o ruim, também o gosto *produtivo* toma não raro uma direção semelhante, pois o artista é em parte sempre formado pela sua época e quer comprazer sua época. Mas se lhe é igualmente permitido ajustar-se ao espírito do século, ele não deve receber suas leis do mesmo. As leis da arte não estão fundadas nas formas mutáveis de um gosto de época contingente e com frequência totalmente degenerado, e sim no necessário e no eterno da natureza humana, nas leis originárias do espírito. Da parte divina do nosso ser, do éter eternamente puro da humanidade ideal derrama a límpida fonte da beleza, não contaminada pelo espírito da época que efervesce sob ela em turvos turbilhões. Por isso a arte também pode caminhar em meio a um século bárbaro e indigno pura como um ser celestial, tão logo ela permaneça recordando-se apenas de sua elevada origem e não se rebaixe a si mesma a escrava de intenções e necessidades inferiores. Assim caminha ainda agora o espírito *grego*,[23]

meu poema. Falta a terceira estrofe apenas porque risquei duas páginas inteiras entre a segunda e a quarta, pois o poema me parecia demasiadamente inchado. O conteúdo dessa estrofe que falta é o seguinte: 'que a arte constitui o elo de ligação entre a *sensibilidade* e a *espiritualidade* do homem, contrabalançando a poderosa propensão do homem ao seu planeta; que ela enobrece o mundo dos sentidos pela ilusão espiritual e convida o espírito de volta para o mundo dos sentidos etc." A nota dos editores alude também a uma carta a Körner de 25 de maio de 1792, na qual Schiller menciona o poema "Os artistas" num contexto em que se refere ao modo de composição de suas obras (*NA* 26, 141–2).

[23]"A recepção da arte antiga vivenciou no século XVIII na Alemanha um novo florescimento. Ela estava sob o signo de uma humanidade originária, perfeita, harmônica que se acreditava realizada na antiguidade grega. Assim, a imagem de Winckelmann da cultura grega continha ideais humanísticos de validade aparentemente intemporal. Klopstock e Lessing provocaram estímulos correspondentes no âmbito da literatura. – Schiller ocupara-se intensivamente com a literatura grega em 1787–1789. A leitura de *Ifigênia em Tauris* de Goethe e a recenção de 1789 dessa peça (*NA* 22, 211–38), o poema 'Os deuses da Grécia' (1788; *NA* 1, 190–5), a leitura de Homero de 1788 (cf. a carta a Körner de 20 de agosto de 1788; *NA* 25, n° 73), as traduções de Eurípides (*Ifigênia em Áulis* e *As*

em seus poucos resíduos, pela noite de nossa época nórdica, e sua vibração elétrica desperta muitas almas aparentadas para o sentimento de sua grandeza.

[29] Mas, para que a arte não encontre a infelicidade de naufragar na imitação do espírito da época, que ela deve elevar a si, tem de ter *ideais* que lhe apresentem constantemente a imagem do sumo belo; por mais profundamente que a época possa se aviltar, ela terá de se pôr em segurança, mediante um *código de leis* próprio, diante tanto do despotismo de um gosto local e unilateral como da anarquia de um gosto tornado selvagem (da barbárie). Ela possui ideais em parte já nos modelos imortais que o gênio grego e o gênio de alguns inovadores dele aparentados deram à luz, e que, eternamente inalcançados, sobreviverão a toda mudança do gosto da moda. Mas um código de leis é o que lhe faltou até agora, e provê-la disso é um dos mais difíceis problemas que a razão filosofante pode se propor – pois o que pode ser mais difícil do que conduzir as operações do gênio[24] sob princípios e unir a liberdade com a necessidade?

[30] Não me lisonjearei demasiadamente, Sereníssimo Príncipe, se espero ter vos convencido de que uma filosofia do belo não está tão distante da necessidade da época como poderia parecer, e que este objeto mesmo merece a atenção do filósofo político, pois toda melhoria fundamental do Estado tem de começar com o enobrecimento do caráter, em-

Fenícias; *NA* 15 I) são estações importantes na recepção deste ideário" [*NA* 26, 744].

Machado de Assis traduziu (do francês) o poema "Os deuses da Grécia", in *Obra completa*, vol. 3, Rio de Janeiro: Nova Aguilar, 1994.

[24] "O conceito de gênio do século XVIII continha uma mistura característica de elementos racionais e irracionais. Os últimos pareciam ganhar preponderância na concepção do *Sturm und Drang* do gênio original literário. A presente passagem, que transpõe o conceito na tensão entre 'liberdade' e 'necessidade', anunciava a tentativa de um domínio racional dos problemas criativos, e, na verdade, indo ainda além de Kant, onde se lê: '*A arte bela é a arte do gênio. Gênio* é o talento (dom natural) que dá a regra à arte. [...] *Gênio* é a disposição inata do ânimo (*ingenium*) *pela qual* a natureza dá a regra à arte.' *Crítica da faculdade do juízo*, § 46; Kant *AA* 5, 307." [*NA* 26, 745].

 bora este tenha de se erguer sobre o belo e o sublime? Mas talvez minha predileção pela ciência e a arte belas tenha me arrebatado a crer em efeitos dos quais elas não são capazes. Talvez eu tivesse de dever colocar fora de dúvida, antes de tudo mais, a influência da cultura estética sobre a cultura ética. Permita-me pois, Magnânimo Príncipe, que guarde para a próxima carta a realização desta demonstração, pois a presente já ultrapassou por demais seus limites.

[31] Quisera esta primeira tentativa de revestir matérias desta natureza inflexível na leve roupagem de uma carta não ter desanimado Vossa Alteza de tolerar para o futuro esta minha conversação! Com passos mais rápidos, posso agora seguir o caminho começado, depois de ter me aprontado para estabelecer o mapa do país pelo qual vossa estimulante atenção quer me acompanhar; e por todo este tempo tive de reter esta primeira carta. Agora estou inteiramente livre, e servir-me-ei plenamente da magnânima permissão com a qual Vossa Alteza me alegrou.

[32] Ao mesmo tempo, atrevo-me a juntar um artigo impresso de conteúdo afim,[25] no qual anunciei e expus algumas das ideias de cujo desenvolvimento pormenorizado me ocuparei de agora em diante.

[25] "Tratava-se do artigo de Schiller 'Sobre graça e dignidade', que aparecera em meados de junho de 1793 no segundo número do ano de 1793 de *Neue Thalia* (cf. n° 177 e respectivas elucidações). Schiller resumira nele o estado dos seus conhecimentos estéticos depois das cartas sobre *Kallias*" [*NA* 26, 745].

A nota faz referência à carta de Schiller ao seu editor, Georg Joachim Göschen (1752–1828), de 23 de junho de 1793. Schiller acerta detalhes sobre o que será publicado em *Neue Thalia*, reserva 150 separatas de "Sobre graça e dignidade" e expressa o desejo de ver publicado no próximo inverno, "da maneira mais elegante, meu escrito sobre o belo numa série de cartas ao Príncipe de Augustenburg" (*NA* 26, 248). Como se sabe, as cartas só seriam publicadas – substancialmente refundidas e ampliadas – em 1795 em *Die Horen*. (Cf. "Introdução" e R. Barbosa, *Schiller e a cultura estética*, pp. 52–3.)

[33] Baggesen, que atualmente ainda está aqui,[26] proporciona-me horas muito agradáveis, e as mais belas dentre estas são sempre aquelas em que ele nos traça a imagem de um Príncipe que é o mais inesgotável objeto para o seu coração e que sempre será e permanecerá um dos objetos mais caros ao coração daquele que com a mais profunda devoção e veneração é

o mais humilde e grato a Vossa Sereníssima Alteza,

Friedrich Schiller[27]

[26]Como informam os editores da *Nationalausgabe*, Baggesen e sua mulher estiveram em Jena de meados de junho até o final de julho de 1793. Seu diário registra quatro visitas a Schiller [*NA* 26, 745].

[27]Nesse mesmo dia, Schiller escreveu pela primeira vez a Ernst von Schimmelmann. Abaixo, a carta de Schiller (*NA* 26, 269–71) e a resposta de Schimmelmann (*NA* 34.I, 304–5). Ver *Apêndice*

ERSNT VON SCHIMMELMANN A SCHILLER

Copenhague, 23 de agosto de 1793

[1] Perdoai que, como pela primeira vez gozo da felicidade de conversar convosco, deixe de lado imediatamente a linguagem formal da cerimônia. Minha pena quer escrever constantemente o simples nome Schiller quando gostaria de expressar algo do respeito e da admiração que vós infundis.

[2] Agradeço-vos por vossa carta. Sou-vos grato pela decisão de querer escrever-me mais cedo. A cada vez que vós realizais uma tal decisão a verei como a inspiração de um gênio a mim favorável. Porém, não posso crer em nenhuma obrigação que vos intime a isso.

[3] Baggesen falou de mim a vós. Não sei se através da descrição de uma amizade por demais partidária tornei-me ainda mais desconhecido de vós do que o era; nisso, porém, Baggesen me permite restabelecer a justiça, pois desejava estar mais próximo de vós como sou.

[4] Não posso senão ser-vos infinitamente grato pelo envio de vosso artigo em *Thalia.*

[5] As Musas não estarão de luto por terem perdido seu favorito se o virem caminhar algum tempo pela senda espinhosa da filosofia especulativa com a glória do poeta. Se ele, apenas como lhes prometera, retornar aos seus altares e atiçar de novo a chama sagrada.

[6] Alegro-me pelo vosso anseio de glorificar o bem através do belo, por ver essa aliança renovada e selada por vós.

[7] Os tempos exigem um novo Orfeu. Sua magia deve triunfar mais que a natureza asselvajada, aplacar mais que

88 | as feras e o tigre das florestas, a nova espécie de monstros não mais ouvirá avidamente as melodias celestes, ela quererá fugir delas para poder enfurecer-se sistematicamente com os corações petrificados.

[8] Mas um gênio superior também as subjugará. Em vão elas ocultar-se-ão numa obscuridade artificial ou quererão salvar-se no espaço vazio.

[9] Perdoai esse tom profético; o motivo me arrebatou.

[10] Encaminhei vosso pedido a minha mulher. Somente a contra gosto ela renunciou à esperança de vos ver aqui com todos nós. Sentimos, porém, que vós não haveis de buscar nossa atmosfera nórdica para o vosso restabelecimento. Com as mais íntimas satisfações ouvimos sobre a melhora de vossa saúde. No entanto, por mais interessados que possamos ser nisso, tememos por todo esforço de vossa parte. Cremos que é um dever para vós poupar vossas forças. Vós atribuireis estas cauções apenas à convicção da mais sincera simpatia e da mais verdadeira estima.

E. H. Schimmelmann

FRIEDRICH CHRISTIAN VON AUGUSTENBURG A SCHILLER

Augustenburg, 2 de setembro de 1793[1]

[1] Que eu não tenha respondido antes a vossa carta de 13 de julho, não é por culpa da falta de qualquer uma daquelas convicções que o excelente conteúdo da mesma tinha de me inspirar / instilar outra vez perante o autor. Contudo, cada um dos meus amigos daqui quis ler essa carta, tive finalmente de enviá-la a Copenhague também ao meu amigo Schimmelmann, e somente há poucos dias a recebi de volta de lá.

[2] Nessa carta tratastes o assunto escolhido de um modo que me torna ávido pela continuação prometida. Que esta não queira tardar muito tempo é o que vos peço! Vossas cartas nos proporcionam tantos dias de festa, e estes não podem retornar com tanta frequência, não podem seguir um ao outro tão depressa.

[3] É um difícil empreendimento o que ousais, e vossa fama será imortal se tiverdes êxito. Retirar o território da beleza do domínio do humor e submetê-lo à razão – pressinto a possibilidade, mas me espanto quando penso na força do espírito que não tem de sucumbir aqui.

[4] Concordo de boa vontade com a vossa opinião de que o reino da liberdade política é ainda demasiado prematuro. Faltam sacerdotes dignos dessa divindade. Apenas os livres de nascença podem ministrar o seu serviço (*können ihren Dienst versehen*), e os homens de nossa época não estão sequer libertos. Estou inteiramente convencido de que toda tentativa de andar vagando sem cadeias políticas não nos

[1]In: *NA* 34.I, nº 258, 308–9.

será exitosa. Portanto, os homens mais nobres, as melhores cabeças, antes como hoje, e com a magnânima recusa do gozo de si mesmo, têm de se contentar em espalhar as sementes e preparar para introduzir os indivíduos no reino luminoso da razão e da liberdade, do qual eles são cidadãos e não podem ser arrancados por nenhuma perseguição, nenhum despotismo. Levará ainda muito tempo até que estados e povos entrem neste reino do céu.

[5] Apenas acerca de uma passagem de vossa carta, admirável homem, tenho algo a lembrar. Creio que também falta aos nossos contemporâneos a cultura teórica, que falta luz ao seu entendimento assim como calor ao seu coração. Conhecimentos, em verdade, existem separadamente em grande quantidade, mas, meu Deus!, como estão desconexos!, como estão mal ordenados e incompletos! Relampeja nas cabeças, mas uma luz que perdure é raro de se encontrar. Desejosos de tudo saber, não se concede o tempo conveniente para aprender. Mesmo a ordenação dos nossos estudos é culpada disso. Esta traz ou a marca da arbitrariedade ignorante ou da época bárbara. Constrói-se o edifício científico nas cabeças dos jovens sem se ter uma base firme, e para o fundamento tomam-se matérias que nunca estão dispostas entre si numa ligação firme, que nunca podem sustentar o edifício. Aqui as coisas terão de ser antes de tudo reformadas, e eu, de minha parte, trabalho para isso com todas as forças.[2]

[6] Por tudo que ouço, Baggesen fez uma descrição de mim por demais favorável.[3] Ele é poeta e meu amigo. Isso explica tudo, e tem de causar desconfiança perante o elogio que ele confere. Sou demasiadamente honrado se, no que

[2]"Sobre os esforços de reforma do Príncipe, que desde 1788 era patrono da universidade e desde 1795 ministro da educação da Dinamarca, cf. Schulz, *Friedrich Christian*... (Cf. p. 208), esp. pp. 64–7, 96–9, 184–91, 235–48, 254–7" [*NA* 34.II, 485].

[3]Cf. carta de Schiller ao Príncipe de Augustenburg de 13 de julho de 1793, nota 25.

toca às capacidades, talentos e conhecimentos, sou considerado como mais do que um homem de tipo habitual. Tudo que talvez se possa dizer de mim com algum fundamento é que não sou um príncipe de tipo habitual. E por isso também minhas sensações têm um outro padrão, e minhas convicções mais sinceridade e, sobretudo, mais vivacidade do que é encontrado nos numerosos autômatos de minha categoria (*Stand*). Espírito, talento e nobre humanidade podem certamente contar em mim com o tributo de estima, veneração e amor devido a eles. Estas são, pois, naturalmente, minhas convicções acerca do autor daquela carta que me é tão agradável; e estas convicções são tão vivas como caras ao meu coração.

SCHILLER A FRIEDRICH CHRISTIAN VON AUGUSTENBURG

Ludwigsburg in Schwaben, 11 nov. 1793[1]

SERENÍSSIMO PRÍNCIPE!

[1] No espaço de tempo transcorrido entre o envio desta carta e o da anterior, revi minha terra natal depois de um exílio de muitos anos,[2] tornei-me pai de um filho[3] e sofri novos acessos crônicos de minha velha doença. Esta confluência de alegres distrações e tristes fortuitos retardou a finalização e o envio do escrito anexo,[4] e agora não perco um instante para reatar o fio partido. Quão animadora me foi a certeza, Vossa Alteza, de que esta correspondência vos proporciona algum divertimento e que não vedes de mal grado um rápido andamento da mesma. Também espero vos demonstrar pela sequência que não é minha culpa, e sim do meu destino, se até aqui não correspondi às vossas expectativas e aos meus próprios desejos.

[2] Mas uma obrigação de minha parte não pode de modo algum acarretar nenhuma pela vossa, Excelentíssimo Príncipe. Cada traço à pena saído de vossa mão, com o qual vos digneis a responder minhas cartas, será para mim um presente precioso; mas nunca me permitirei aguardá-lo. Não há nada que gostaria de ferir menos em homens que amo e tenho em alta estima que sua liberdade. Uma

[1] In: *NA* 26, nº 208, 295–301.

[2] A 8 de agosto de 1793, Schiller e Charlotte chegaram em Heilbronn; a 8 de setembro, em Ludwigsburg. Schiller não punha os pés na Suábia – que não mais tornaria a ver – desde a sua fuga de Stuttgart a 22 de setembro de 1782. Naquela época, Schiller servia o Duque Karl Eugen como médico militar.

[3] Carl Friedrich Ludwig, o primeiro filho de Schiller e Charlotte, nascido a 14 de setembro de 1793.

[4] O anexo que acompanha essa carta foi escrito antes desta e dá continuidade imediata ao que Schiller tratara em sua carta de 13 de julho.

passagem muito lisonjeira de vossa carta, na qual Vossa Alteza consente em me dar um motivo da demora de vossa resposta, me incita a esta explicação.[5]

[3] Baggesen descreveu-me Vossa Alteza precisamente como Graff em Dresden[6] e todo bom retratista pinta. Ele não vos emprestou nenhum traço estranho, e unicamente a isto chamo lisonjear uma pintura; ele apenas idealizou vossos traços, e deu ao esboço que eu me fazia de vós um colorido mais intenso através da expressão dos seus sentimentos. Embelezar um caráter e idealizar um caráter são para mim, no entanto, duas coisas totalmente diferentes. Esta última o pode apenas o artista excelente; aquela é o recurso habitual do medíocre. Todo caráter humano individual é de novo seu próprio gênero, e os modos de manifestação momentâneos são apenas diferentes espécies deste gênero. Estes modos de manifestação momentâneos são em parte contingentes, porque circunstâncias externas passageiras têm influência sobre eles, e porque não partem unicamente do caráter, também não podem ser uma imagem fiel do mesmo. Para conseguir esta imagem fiel é preciso saber separar o interior e o permanente, que lhe subjaz como fundamento, do contingente, é preciso procurar o gênero ou o genérico[7] desta individualidade, e a isto eu chamo idealizar um retrato. A peculiaridade de um caráter não perde absolutamente nada nesta operação, e sim pode ser encontrada apenas por este único caminho; pois como se retirou apenas o contingente e

[5]Como se lê no primeiro parágrafo da carta de 2 de setembro, o Príncipe justifica a demora de sua resposta porque Schimmelmann e outros amigos desejavam ler a carta de Schiller de 13 de julho de 1793.

[6]Anton Graff (1736–1813), professor da Academia de Arte de Dresden, considerado o maior pintor alemão de retratos do século XVIII. Schiller conheceu a tela em que retratara Friedrich Christian von Augustenburg durante uma vista a Dresden, em maio de 1792. Cf. carta de Schiller a Schimmelmann de 13 de julho de 1793, *NA* 26, 268–70. Uma das mais conhecidas imagens de Schiller é justamente a de um quadro de Graff, que o retratou em 1786, aos 28 anos.

[7]O genérico (*das Generische*), ou seja, o relativo ao gênero humano como um todo.

o que vem de fora, o interior e o permanente têm de permanecer tanto mais puros. Sem dúvida, uma imagem esboçada deste modo não igualará o original em nenhum momento singular, mas ser-lhe-á tanto mais fiel no todo.

[4] Baggesen esboçou-me uma tal imagem de Vossa Alteza, talvez sem o saber ou querer, e a justa concordância desta imagem com tudo que o vosso espírito e o vosso coração puderam me revelar garante-me a autenticidade de sua descrição. Permita-me, pois, meu Digníssimo Príncipe, que vos dê provas da justiça que pareceis negar a vós mesmos.

[5] Em algumas passagens de minha última carta expressei-me de modo algo impreciso, e Vossa Alteza oferece-me, através de vossa observação rica em espírito, a ocasião de corrigir meu erro.[8] Limitei a necessidade de nossa época à formação prática, e dei à cultura teórica do nosso século um testemunho mais favorável que o que ela até agora parece merecer para vós, Magnânimo Príncipe. Talvez possa dissolver sua dúvida mediante uma explicação mais precisa.

[6] É inteiramente verdadeiro, como afirma Vossa Alteza, que a maior parte do mal que repreendemos ao século corrente tem seu fundamento em conceitos e preconceitos não suficientemente retificados, e atesta um obscurecimento das mentes que honra muito pouco a época do Esclarecimento. A falta de cultura teórica é pois certamente uma das causas imediatas do embrutecimento de que padecem nossos contemporâneos – uma das próximas imediatas, mas não a última. Por isso pergunto novamente: por que esta falta de cultura teórica com todos os passos de gigante da filosofia, com toda a luz que gerou um conhecimento mais fundamentado da natureza, um estudo mais profundo do homem e de suas relações, com todos os esforços das cabeças pensantes para difundir estes conhecimen-

[8]Schiller se refere ao juízo do Príncipe, segundo o qual mesmo a cultura teórica, a cujo âmbito Schiller limitara o êxito do Esclarecimento, ainda era muito deficiente.

 tos e generalizá-los? O depósito do qual o entendimento humano mais comum pode haurir luz e verdade está cheio e aberto a todos – mas por que são tão poucos os que haurem dele? A época está esclarecida; e com isto quero dizer que os conhecimentos que poderiam retificar nossos conceitos estão efetivamente encontrados e expostos. Uma filosofia mais sadia minou os conceitos ilusórios sobre os quais a superstição construiu seu trono de sombras – mas por que este trono está em pé ainda agora? Uma moral melhor examinou nossa política, nossa legislação, nosso direito público, e descobriu o bárbaro em nossos hábitos, o deficiente em nossas leis, o absurdo em nossas conveniências e costumes – por que então somos nada menos que ainda bárbaros?

[7] Tem de haver, pois, algo nos ânimos dos homens que obstaculiza a recepção da verdade, ainda que esta brilhe tão claramente, e que os impede de tomar posse do melhor que lhes é ostentado. Os antigos o repreenderam, e isto está oculto na significativa expressão: *Sapere aude*.[9]

[8] Anime-se a ser sábio. Força e energia de decisão são, pois, necessárias para vencer os impedimentos que em parte a indolência natural do espírito e em parte a covardia do coração opõem à recepção da verdade. Não em vão a deusa da sabedoria[10] nos é representada na fábula como uma guerreira que saiu inteiramente armada da cabeça de Júpiter. Pois já a primeira realização da sabedoria nas mentes é guerreira. Já no seu nascimento ela tem de sustentar a difícil luta com a sensibilidade, que se encontra muito bem sob tutela estranha, para que ela não devesse postergar tanto quanto possível a época da maioridade.

[9] A maior parte dos homens encontra-se extremamente fatigada e exaurida pela dura luta com o carecimento físico para que devesse cobrar ânimo para uma luta nova e interior com conceitos ilusórios e preconceitos. Toda

[9] Horácio, *Epístolas*, I, 2, 40. Cf. carta de Schiller a Príncipe, de 13 de julho de 1793, nota 16.

[10] A deusa grega Atena.

a extensão de sua força se esgota no cuidado com o necessário; e se ela o conquistou penosamente, seu carecimento é o descanso e não um novo trabalho espiritual. Satisfeita com que ela mesma apenas não esteja autorizada a pensar, deixa de bom grado que outros a tutelem quanto aos seus conceitos e poupa-se, através de uma cega resignação na sabedoria alheia, a árdua necessidade do exame próprio.[11] Se carecimentos mais altos se agitam em sua cabeça e no seu coração, ela agarra com crença faminta as fórmulas que o Estado e o clero têm à disposição para este caso, e com as quais conseguiu-se desde sempre satisfazer o sentimento despertado de liberdade dos seus pupilos.

[10] Por isso ver-se-á sempre que os povos mais oprimidos são também os mais parvos; por isso tem-se de começar a obra do esclarecimento numa nação com a melhoria do seu estado físico. Primeiro é preciso que o espírito seja solto do jugo da necessidade antes que se possa levá-lo à liberdade da razão. E também apenas neste sentido se tem o direito de considerar o cuidado com o bem estar físico dos cidadãos como o primeiro dever do Estado. Não fosse o bem estar físico a condição unicamente sob a qual o homem pode despertar para a maioridade do seu espírito, ele nem de longe mereceria por si mesmo tanta atenção e consideração. O homem é ainda muito pouco se mora num ambiente aquecido e fartou-se de comer, mas precisa morar num ambiente aquecido e ter se fartado de comer se a melhor natureza deve se fazer sentir nele.[12]

[11] "Este pensamento e em geral todo o parágrafo mostram uma estreita afinidade com o escrito de Kant 'Resposta à pergunta: o que é Esclarecimento?' (1794), onde se lê: 'Preguiça e covardia são as causas pelas quais uma parte tão grande dos homens, depois que a natureza há muito os libertou de uma direção estranha [...], no entanto permanecem de bom grado menores a vida inteira; e pelas quais outros tão facilmente se arvoram em seus tutores. É tão cômodo ser menor. (Kant *AA* 8, 35.) A liberdade de fazer uso da própria razão, exigida em Kant para o Esclarecimento, é, todavia, primeiro associada por Schiller à necessária melhoria do 'estado físico'" [*NA* 26, 786].

[12] Como lembra a *Nationalausgabe* (*NA* 26, 786), o mesmo argumento reaparece no dístico "Dignidade do homem": "Nada mais que isso vos peço.

[11] Esta infeliz classe de homens que consome suas melhores forças na luta com a necessidade física, merece, no entanto, mais nossa compaixão que nosso desprezo, se não desperta para a luz da razão. Mas esta desculpa não tem lugar para aqueles que uma sorte melhor exime do jugo da necessidade, mas sua própria escolha e inclinação os tornam em escravos dos sentidos. Uma condenável debilidade os desalenta do que a coerção de sua situação lhes proíbe. É preciso *animar-se* para a sabedoria, e isto eles não podem. A decisão pelo esclarecimento é um empreendimento ousado que exige o abandono do seio da indolência, a tensão de todas as forças do espírito, a negação de muitas vantagens e uma perseverança de ânimo que se torna demasiadamente difícil para o mimado filho do prazer. Eles preferem o aspecto crepuscular dos conceitos obscuros, pelo qual se sente mais vivamente e a fantasia mais livre forma figuras confortáveis ao seu bel prazer, à luz diurna dos conhecimentos claros que afugentam a agradável ilusão dos seus sonhos. O indeterminado lhes convém precisamente porque assim são dispensados de orientar-se pelas coisas e podem imaginar que prescrevem a lei à natureza. Eles fogem do esclarecimento não apenas por causa do esforço com o qual ele teve de ser adquirido; eles o temem igualmente por causa dos resultados aos quais ele leva. Eles têm medo de ter de renunciar às ideias prediletas, às quais apenas a obscuridade é propícia e de ver desabar ao mesmo tempo, com seus conceitos ilusórios, as colunas mestras que sustentam o podre edifício de sua felicidade. Quantos homens existem cuja felicidade toda da vida repousa sobre um preconceito que tem de cair no primeiro ataque sério do entendimento! Quantos existem que baseiam todo o seu valor na sociedade em sua riqueza, seus antepassados, em prerrogativas corporais! Quantos outros que brilham com tesouros de memória acumulados, com um humor insípido, com um talento de apa-

Dai-lhe o que comer, onde morar, / Se cobristes a nudez, a dignidade vem por si mesma" (*NA* 1, 278).

rente grandeza e são felizes na ilusão de uma importância que não resistiria a nenhuma prova. Todos estes homens teriam de pagar pelo esclarecimento com o duro sacrifício de sua melhor riqueza, teriam assim de começar a perder tudo de que eram orgulhosos antes que provassem as vantagens do conhecimento melhor. Mas para ocorrer uma troca à primeira vista tão incerta, eles têm de possuir um dom de renegar, um vigor de espírito, uma energia de decisão que raramente se costuma trazer consigo dos braços da opulência. Eles teriam de ousar-se à sabedoria, pois isto de fato exige a ousadia de renunciar às suas posses atuais pelos bens da expectativa.

[12] Esta virilidade do espírito é o objeto da cultura *prática*, e na medida que a energia de decisão é pois necessária para transitar do estado dos conceitos confusos aos conhecimentos mais claros, o caminho à cultura teórica tem de ser aberto pela cultura prática.[13] Por esta razão, Magnânimo Príncipe, reputei-me autorizado a declarar a última como a necessidade *mais urgente* de nossa época, pois todas as experiências me convencem de que não só impedimentos *objetivos* (insuficiência da ciência) como antes impedimentos subjetivos (falha da vontade) se opõem ao esclarecimento, e que se agora ainda suportamos o jugo dos preconceitos, é apenas por causa da indolência do espírito.

[13] Enquanto afirmo que a cultura do gosto remedia este mal e é o meio mais eficaz para melhorar as imperfeições da época, estou longe de considerá-la como a única e de passar por alto da grande participação que uma sólida pesquisa da natureza e uma filosofia pragmática têm na formação do gênero humano. Apenas, em minha opinião, a filosofia e a experiência irão unir-se em vão para esclarecer o homem sobre a essência das coisas e sobre seus deveres *enquanto* não estiverem removidos os impedimentos subje-

[13] "Com isso se fecha o círculo do excurso provocado por uma observação de Friedrich Christian von Augustenburg, que vincula os aspectos teórico-cognitivos do filosofar kantiano com implicações prático-morais" [*NA* 26, 786].

100| tivos que obstruem seu sentido diante do conhecimento da verdade, e, se esta efetivamente encontrou o acesso a ele, roubam-lhe a faculdade de comportar-se de acordo com o seu melhor conhecimento. Melhorar esta má disposição é, na minha opinião, a obra da cultura estética, que tem pois de caminhar continuamente ao lado da cultura científica. O gosto apenas não aumenta o nosso saber, não retifica os nossos conceitos, nada nos ensina sobre os objetos. Tampouco a ciência apenas consegue transformar nossos princípios segundo a nossa melhor vontade e elevar nossos conhecimentos a máximas práticas. *Ela* nos oferece apenas os materiais para a sabedoria; *aquele*, em contrapartida, conquista o nosso coração para isto e a transforma em nossa propriedade.

[14] De acordo com esta explicação provisória, Magnânimo Príncipe, creio estar autorizado a vos remeter a continuação das considerações iniciadas, que está contida no escrito anexo. Nada pode ser para mim ao mesmo tempo mais lisonjeiro e instrutivo que vossas dúvidas; elas me convencem que vós julgais minhas ideias dignas de um olho examinador e proporcionam-me a oportunidade de complementar o que há de deficiente nelas.

Com os mais vivos sentimentos de veneração, gratidão e amor eu me prostro,

o mais penhorado
a Vossa Sereníssima Alteza,

F. Schiller.

SCHILLER A FRIEDRICH CHRISTIAN VON AUGUSTENBURG *[Anexo]*[1]

SERENÍSSIMO PRÍNCIPE!

[1] Em minha carta anterior[2] referi ambos os extremos, o embrutecimento e o afrouxamento, como as imperfeições dominantes da época presente e apresentei a cultura do gosto como o meio mais eficaz de combater este duplo mal. *Como* um gosto cultivado pode produzir este efeito, com isto, Magnânimo Príncipe, a presente carta vos entreterá; e respondo a esta pergunta com tanto mais prazer, pois ela me oferece a oportunidade para retificar um mal-entendido que não raro também desencaminha o juízo das cabeças filosóficas sobre este objeto.

[2] Já se repetiu tantas vezes que um sentimento refinado do belo enobrece o caráter e os costumes, que talvez pareça supérfluo submeter esta matéria a uma nova investigação. Evoca-se o exemplo da mais civilizada de todas as nações da Antiguidade que, como se sabe, também homenageou ao máximo a beleza,[3] e o exemplo oposto daqueles povos bárbaros das épocas antiga e moderna que expiam sua negligência para com o gosto através de um triste embrutecimento. Contudo, por mais que estas experiências pareçam falar a favor das artes belas, às vezes ocorre às cabeças pensantes ou negar o fato ou atacar a legitimidade da conclusão.

[1] In: *NA* 26, nº 208, 301–14.

[2] Trata-se da carta de 13 de julho.

[3] O exemplo, naturalmente, é o da Grécia. "A *História da arte da Antiguidade* (1764), de Johann Joachim Winckelmann chamara atenção expressamente para o significado da cultura grega. Winckelmann vira as relações vitais na Atenas democrática como pressuposto para a beleza e a perfeição da arte grega" [*NA* 26, 787].

Elas não pensam tão mal daquele embrutecimento que se repreende nos povos incultos, e nem tão favoravelmente daquele refinamento que se preza nos povos cultivados. Sim, elas chegam ao ponto de afirmar que o ganho não vale o sacrifício. Já na Antiguidade havia homens que não consideravam a bela cultura como um benefício e por isto estavam muito inclinados a recusar às artes do gosto a entrada em sua república.[4]

[3] E de fato mal poder-se-á apontar um único caso na história em que a cultura estética tivesse caminhado de mãos dadas com a virtude civil e a liberdade política. Enquanto a Grécia afirmava sua independência e contava entre seus cidadãos Milcíades, Aristides e Epaminondas,[5] o gosto e a arte estavam ainda em sua infância; e quando, sob Péricles e Alexandre, a época de ouro das artes surgiu, a virtude e a liberdade da Grécia já haviam passado.[6] Os romanos, como sabemos, tiveram de se curvar ao jugo da

[4]Cf. Platão, *A República*, III, 398 e Cícero, *Tusculanae disputationes* (*Disputas tusculanas*), II, 11 [*NA* 26, 787].

[5]"Milcíades, filho de Cípselo, foi um aristocrata ateniense que em torno de 560 a. C. triunfou em Olímpia com a quadriga. Seu sobrinho Milcíades, o jovem (ca. 540–489 a. C.), filho de Címon, venceu os persas em 490 em Maratona como general. Aristides (ca. 540–467 a. C.) foi um político aristocrata ateniense que tivera igualmente grande sucesso como general, como em 479, na batalha de Plateia, entre outras. Epaminondas (ca. 420–362 a. C.) foi um político e general tebano que, em 371, através da vitória sobre Esparta em Leutras, introduziu uma curta hegemonia de Tebas na Grécia; dele provieram as inovações da assim chamada ordem de batalha oblíqua. – Schiller colocava os nomes das três personalidades bem sucedidas em termos predominantemente militares como representantes de uma época de energia de ação viril antes dos pontos altos do desenvolvimento cultural na Grécia" [*NA* 26, 787].

[6]"Sob Péricles (ca. 494–429 a. C.), o mais importante estadista ateniense da Antiguidade, deu-se um aperfeiçoamento da democracia de base escrava e um florescimento cultural extraordinário, de modo que a época de Péricles vigora como o ponto alto espiritual no desenvolvimento da Grécia. Alexandre III, o Grande (356–323 a. C.), rei da Macedônia, submeteu a Grécia à hegemonia Macedônia, estendeu seu poder, mediante uma política de conquista muito arriscada, até a Ásia central e a Pérsia e criou um império gigantesco do Danúbio ao Indo; ele cuidou de uma ampla difusão da cultura grega" [*NA* 26, 787].

família de Júlio[7] antes de adotar a arte grega e receber o suave influxo das Graças e das Musas. Mesmo para os árabes a aurora da cultura não nasceria antes que a energia do seu espírito guerreiro estivesse esmorecida sob o ilimitado domínio dos abácidas.[8] Na Itália moderna, como se sabe, a arte bela não surgiu senão depois que o espírito republicano estivesse oprimido e a magnífica liga lombarda dissolvida.[9] Não posso lembrar apenas, Vossa Alteza, o exemplo da França, que data a época do seu refinamento da época de sua completa subjugação, e na pessoa do seu Luís XIV venera ao mesmo tempo o restabelecimento do gosto e abomina o mais terrível opressor de sua liberdade.[10] Onde quer que olhemos na história, vemos que o gosto e a liberdade fogem um do outro, e que a arte erige o seu trono apenas sobre o túmulo do heroísmo.

[4] E, no entanto, esta energia do caráter, com a qual o refinamento estético é habitualmente comprado, é justamente o móbil mais eficaz de toda grandeza e excelência

[7] "Da velha estirpe de patrícios romanos dos Júlios, que remete sua origem a Iulus, o lendário filho de Enéas, vieram César (100–44 a. C.) e os primeiros Césares de Roma. Augusto (63 a. C.-14 d.C.), adotado por César e nomeado herdeiro, fundou essa dinastia. A época de Augusto trouxe um florescimento da arte e da ciência" [*NA* 26, 787].

[8] "A dinastia de califas dos abácidas em Bagdá (750–1258) se considerava descendente do Abbas ibn Abd-al-Muttalib (570-ca. 652), o tio de Maomé. Sob o seu domínio desenvolveu-se no século IX a cultura feudal islâmica clássica, que foi mantida particularmente pela nobreza iraniana" [*NA* 26, 787–8].

[9] "Na liga das cidades lombardas de 1167 uniram-se as cidades do norte da Itália, sob a liderança de Milão, contra a política de poder do Imperador Frederico I; no século XIII a liga opôs-se também a Frederico II. Depois da queda dos Staufer, a liga decaiu. As cidades italianas consolidaram sua independência e sua auto-suficiência (*Eigenständigkeit*) cultural. Na época dos séculos XIII ao XV, um florescimento de humanismo e renascimento adveio nas cidades-estados do norte da Itália" [*NA* 26, 788].

[10] "Luís XIV da França (1638–1715), rei desde 1643, governou autocraticamente e de modo extremamente perdulário. O 'Rei Sol' absolutista ostentou um fausto com sua corte em Versalhes que tornou-se em modelo da Europa tardo-feudal. Nas artes plásticas e na arquitetura deu-se o mais alto desenvolvimento do barroco; ao mesmo tempo, a literatura francesa clássica atingiu um auge de representação nacional" [*NA* 26, 788].

no homem, o qual nenhum outro mérito ainda maior pode substituir. Caso então realmente a cultura do gosto tivesse de ser comprada necessariamente deste modo, seria de fato uma grande injustiça considerar a cultura estética como o instrumento pelo qual a cultura ética é promovida. Esta influência relaxante do belo é evocada habitualmente também pelos seus detratores para difamar as artes do gosto como as piores inimigas da humanidade, e esta acusação é com demasiada frequência justificada apenas pelo espírito de frivolidade, superficialidade, arbitrariedade e brincadeira que costuma caracterizar os amantes do belo tanto no pensar como no agir. O mundo belo, ao contrário, coloca a benéfica influência dos sentimentos da beleza preferencialmente nesta sua força suavizante.

Scilicet ingenium placida mollitur ab arte[11] e numa outra passagem:

– *Didicisse fideliter artes*

Emollit mores nec sinit esse feros,[12] e como prova disso ela nos deixa notar a rudeza e o gosto bárbaro, pelos quais as Graças costumam se vingar dos seus inimigos. Talvez ambas as partes não estejam tão inteiramente sem razão, e não deixe de valer a pena descobrir o motivo de uma disputa que já por tanto tempo impediu que os dois partidos igualmente dignos de atenção, os eruditos e o mundo do belo, façam justiça um ao outro.

[5] O motivo desta contradição encontra-se evidentemente na natureza mista do homem e no duplo carecimento dela decorrente. Ambos os partidos disputam apenas porque cada um tem diante dos olhos *outro* carecimento do homem, e ambos não têm razão apenas porque cada um está atento exclusivamente a só um único carecimento. Toda a contradição se resolve tão logo tenhamos descoberto suas fontes.

[11] "Decerto, a arte serena abranda o ânimo". Ovídio, *Ars amatoria* (*Arte de amar*), III, 545.

[12] "Terem aprendido fielmente as nobres artes abranda os costumes e os livra da selvageria." Ovídio, *Epistulae ex Ponto* (*Cartas do exílio*), II, 9, 47–8.

[6] O homem, como ser sensível, é conduzido por impul- |105
sos que estão incessantemente ocupados em reprimir sua liberdade racional, ou seja, em privar-lhe da faculdade de determinar-se segundo princípios. Este cego poder da natureza nele, esta *energia* meramente *sensível* não só pode como deve ser rompida, e um relaxamento neste sentido é um grande passo necessário para a cultura. A influência relaxante do belo é, pois, incontestavelmente um benefício, *na medida que ele se manifesta apenas na sensibilidade*; e os defensores do belo têm toda razão enquanto têm em vista apenas o rude homem natural ou a rude natureza no homem cultivado.

[7] Mas este relaxamento da sensibilidade, que o belo deve causar e a dignidade do homem reclama, não deve resultar da falta de força sensível e do esgotamento, e sim ter como a sua fonte a auto-atividade do espírito, e a liberdade da razão tem de pôr limites ao poder dos impulsos naturais. Esta suavização e relaxamento a que visa o poeta não é um efeito da fraqueza, a qual merece apenas desprezo; ela é o efeito de uma atividade mais alta e espiritual, é uma ação do espírito. O sentido pode perder apenas para o espírito.

[8] O efeito relaxante do belo deixa pois de ser benéfico e torna-se pernicioso *tão logo se manifesta na espiritualidade*; e os detratores do mesmo têm pois toda razão de repreendê-lo por esta qualidade tão logo a aplicam ao homem racional.

[9] O homem sensível não pode ser suficientemente distendido, o racional não pode ser suficientemente tensionado, e tudo o que pode ser feito pela cultura da humanidade termina nesta regra: "limitar a energia sensível pela espiritual".

[10] Assim, se a formação estética encontra este duplo carecimento, se *por um lado* ela desarma a rude violência da natureza e relaxa a animalidade, se *por outro lado* desperta a força auto-ativa da razão e torna veraz o espírito, *então* (e também somente *então*) está apta a servir de instrumento para a formação ética. Este duplo efeito é o que exijo in-

cansavelmente da cultura bela e para o qual ela encontra também no belo e no sublime os instrumentos necessários.

[11] Mediante o belo, ela contraria o embrutecimento, mediante o sublime, o afrouxamento; e apenas o mais exato equilíbrio de ambos os modos de sentir completa o gosto.[13] A mera receptividade para o sublime não basta nem de longe para arrancar o homem do estado de selvageria, e tampouco uma direção unilateral do gosto para o belo pode protegê-lo da indolência. A experiência antes ensina que a sublime tensão do ânimo, onde os sentimentos da beleza não a amenizam, favorece uma certa dureza, frequentemente mesmo a rudeza, e que, em contrapartida, a suavização do ânimo com o belo, onde o sublime não opera em sentido contrário, degenera por fim em desnervamento. Pois justamente porque o efeito do sublime é tensionar o ânimo e aumentar sua elasticidade, ocorre demasiado facilmente que também os afetos se fortalecem com o caráter e a natureza sensível participa num ganho de força que deveria valer apenas para a natureza espiritual; por isto, nas épocas heroicas do mundo encontramos as virtudes mais sublimes frequentemente emparelhadas com os vícios mais rudes. E porque o efeito do belo é *desprender* o ânimo, ocorre de modo igualmente fácil que por fim também o caráter se funde com a rude energia dos afetos, e a natureza espiritual participa numa distensão que deveria valer apenas para a natureza sensível; por isto, nas épocas refinadas do mundo encontramos o mais delicado sentimento para a harmonia, a beleza e a ordem não raramente emparelhado com o mais vergonhoso aviltamento do caráter.

[12] Para o homem saído das mãos da natureza o carecimento não é assim tanto o sublime como o belo; pois

[13]Embora nas cartas *Sobre a educação estética do homem* Schiller se refira a uma "beleza suavizante" e a uma "beleza energizante", e não ao belo e ao sublime, no ensaio "Sobre o sublime", publicado em 1801 no terceiro volume dos *Escritos menores em prosa*, mas cuja primeira redação remonta provavelmente a 1793, ambos os conceitos são, por assim dizer, as duas metades sem as quais a educação estética não estaria completa. Vide nota seguinte.

há muito ele está agitado pela grandeza e pela força antes de começar a se tornar sensível para os atrativos da beleza. Para o homem saído das mãos da arte, o carecimento é, em contrapartida, o sublime, pois no estado de refinamento frequentemente tem o descuido de deixar escapar uma força que ele trouxe para cá do estado de selvageria.

[13] Através desta distinção, Magnânimo Príncipe, que me parece fundada na razão e na experiência, é encerrada, como creio, a desavença que se encontra nos juízos dos homens sobre o valor da cultura estética e sua conexão com a cultura ética, ao mesmo tempo em que é aberto através disto o ponto de vista a partir do qual a relação do gosto e das artes para com a humanidade como um todo tem de ser apreciada. Resta, pois, justificar a dupla afirmação: *primeiramente*: que o belo é o que refina o rude filho da natureza e ajuda a educar o homem meramente sensual, tornando-o um homem racional; *em segundo*: que o sublime é o que corrige as desvantagens da bela educação, confere elasticidade ao refinado homem da arte e combina as virtudes da selvageria com as vantagens do refinamento.[14]

[14]"Os conceitos do belo e do sublime excedem os conceitos de graça e de dignidade, que Schiller associou em seu escrito 'Sobre graça e dignidade' ao conteúdo de um efeito vivificante e de um efeito tranquilizante (cf. *NA* 20, 251–308, esp. 305). O significado destes conceitos descrito na presente carta é retomado no artigo de Schiller 'Sobre o sublime' (*NA* 21, 38–54, esp. 52; cf. tb. o poema 'Belo e sublime', *NA* 1, 272). Em Kant, os conceitos do belo e do sublime são igualmente fundamentais: '*Belo* é o que apraz no mero ajuizamento (portanto, não mediante a sensação dos sentidos segundo um conceito do entendimento). Segue-se por si mesmo disso que ele tem de aprazer sem nenhum interesse. *Sublime* é o que apraz imediatamente por sua resistência contra o interesse dos sentidos. [...] Cada afeto do *gênero vigoroso* (*animi strenui* – ou seja, que incita a consciência de nossas forças a vencer toda resistência) é *esteticamente sublime*, por exemplo, a cólera e mesmo o desespero (ou seja, o *indignado*, mas não o *esmorecido*). Mas o afeto do gênero *suavizante* (*animum languidum*, o qual torna o esforço mesmo para resistir um objeto de desprazer) não contém nada de *nobre* em si, mas pode ser contado como belo do gênero sensível.' (*Crítica da faculdade do juízo*, § 29. Kant *AA* 5, 267 e 272–273.)" [*NA* 26, 788].

Na passagem de "Sobre graça e dignidade" a que se refere a nota lê-se:

"Existe uma Cárite *vivificante* e uma *tranquilizante*. A primeira acerca-se do encanto dos sentidos, e a complacência na mesma, se não é contida pela dignidade, pode degenerar facilmente em desejo. Essa pode ser denominada *encanto*. Um homem fatigado não pode pôr-se em movimento pela força interior, e sim tem de receber matéria do exterior e buscar reconstituir sua elasticidade perdida através de exercícios leves da fantasia e de rápidas transições do sentir ao agir. Ele consegue isso no trato com uma pessoa *encantadora*, que impulsione o mar estagnado da sua imaginação pela conversa e pelo seu aspecto.

A Cárite tranquilizante acerca-se mais de perto da dignidade, pois se manifesta pela moderação dos movimentos inquietos. A ela se volta o homem tenso, e a tempestade bravia do ânimo dissolve-se no seu seio que respira paz. Essa pode ser denominada *graça* (*Anmuth*). Ao encanto liga-se de bom grado a brincadeira jocosa e o aguilhão da troça; à graça, a compaixão e o amor. Um Soliman desnervado consome-se por fim nas cadeias de uma Roxelane, enquanto o espírito efervescente de um Otelo se embala e se aquieta no suave peito de uma Desdemona" (*NA* 20, 305). Como esclarecem os editores da *Nationalausgabe*, "Soliman e Roxelane são figuras do drama *Soliman* II, de Favart, sobre o qual falara Lessing na 33ª parte da *Dramaturgia de Hamburgo*" (*NA* 21, 331).

Já o trecho de "Sobre o sublime" é o seguinte:

"A capacidade de sentir o sublime é pois uma das mais magníficas disposições na natureza do homem, que tanto merece nosso *respeito*, por causa de sua origem na faculdade autônoma de pensar e querer, como o mais perfeito desenvolvimento, por causa de sua influência sobre o homem moral. O merecimento do belo concerne simplesmente ao *homem*; o do sublime, ao *puro demônio* nele; e uma vez que nossa destinação, apesar de todas as limitações sensíveis, é a de nos regularmos pelo código de leis dos espíritos puros, o sublime tem de ser acrescentado ao belo para tornar a *educação estética* num todo completo e estender a capacidade de sentir do coração humano de acordo com o âmbito total de nossa destinação e, portanto, também para além do mundo dos sentidos.

Sem o belo, haveria um conflito perpétuo entre a nossa destinação natural e a nossa destinação racional. Diante do esforço para realizar nossa *vocação espiritual*, perderíamos nossa *humanidade*; dispostos em todos os instantes para deixar o mundo dos sentidos, permaneceríamos sempre um estranho nessa esfera de ação a nós assinalada. Sem o sublime, a beleza nos faria esquecer nossa dignidade" (*NA* 21, 52–3).

O poema "Belo e sublime" foi publicado pela primeira vez em *Die Horen*, n° 12, dezembro de 1795: *Schön und erhaben*: Zweyerley *Genien* sinds, die durch das Leben dich leiten, / Wohl dir, wenn sie vereint helfend zur Seite dir gehn! / Mit erheiterndem Spiel verkürzt dir der Eine die Reise, / Leichter an seinem Arm werden dir Schicksal und Pflicht. / Unter Scherz und Gespräch begleitet er biß an die Kluft dich, / Wo an der Ewigkeit Meer schaudernd der Sterbliche steht. / Hier empfängt dich entschlossen und ernst und schweigend der Andre, / Trägt mit gigantischem Arm über die Tiefe dich hin. / Nimmer widme dich

[14] Se Vossa Alteza me acha agora por algum tempo talvez demasiado dogmático, atribua-o por esta vez ao conteúdo, que não permite um tratamento mais livre sem perder em precisão, que é o que principalmente importa aqui. Talvez consiga remediar a forma mais pesada pelo interesse da matéria e satisfazer tanto mais o vosso puro sentido da verdade quanto menos busque corromper vossa imaginação. 109

[15] Disse que a beleza ajuda a desenvolver a disposição para a racionalidade no homem sensual. O homem está dotado de uma dupla disposição de acordo com sua dupla determinação. A natureza o determina a sentir e a agir imediatamente a partir da sensação. A razão o determina a pensar e a agir imediatamente a partir do pensamento puro.

[16] Na natureza (pelo que entendo o nexo causal e final das coisas), o homem deve se provar como uma força e ser o fundamento de certos efeitos. Esta é, em geral, sua determinação natural. O fim da natureza com ele não é pois *ele* mesmo, e sim seus efeitos: ele satisfaz inteiramente o seu fim natural já através do conteúdo ou mesmo do material do seu agir, seja qual for o fundamento de determinação ou o elemento formal deste agir. Como é necessário para o nexo das coisas *que* algo de determinado aconteça através dele, sendo porém inteiramente indiferente para o fim natural *como* isto aconteça, assim a natureza assegurou seus fins com ele porque ela lhe *prescreveu mediante sensações* o que ele deve realizar e lhe deixa pois satisfazer sua determinação física também de modo meramente físico e como mera força natural.

Einem allein. Vertraue dem ersten / Deine *Würde* nicht an, nimmer dem / andern dein *Glück*. [São dois os *gênios* que te conduzem pela vida, / Feliz de ti se caminham unidos ao teu lado, te auxiliando! / Com um jogo divertido, um deles te encurta a viagem, / Nos seus braços, teu destino e teu dever tornam-se mais leves. / Entre gracejos e conversas, ele te acompanha até o abismo, / Onde o mortal, em calafrios, estanca diante do mar eterno. / Aqui te recebe o outro, decidido e sério e calado, / Te leva com seu braço gigantesco por sobre as profundezas. / Nunca te consagre a um somente. Não confie ao primeiro / Tua *dignidade*, e nunca ao outro tua *felicidade*.] (*NA* 1, 271)

[17] Todas as forças naturais são forças *passivas*; elas atuam apenas depois que atuou-se sobre elas: e o homem existe onde age imediatamente a partir da sensação, e no que diz respeito a este agir, é meramente um elo passivo no encadeamento das coisas. A natureza impulsiona a massa pela gravitação, o órgão pela vegetação, o animal irracional e racional pela faculdade de desejar e pela sensação.

[18] Isto vale indistintamente para toda atividade do homem que se refere a um carecimento anterior. Ele satisfaz em todos estes casos apenas um fim físico e o satisfaz apenas como uma força física, por mais que possa ser hiperfísico[15] aquilo que deixou surgir nele este carecimento.

[19] Mesmo as assim chamadas sensações morais, as quais brotam de pensamentos e estão fundadas na parte racional do nosso ser, não estão excluídas disto. Como sensações, são apenas afecções da força passiva e meros meios da *natureza*, pelos quais ela promove certos fins físicos, como, por exemplo, o incitamento para a atividade, vínculos sociais, auxílio mútuo e coisas semelhantes: onde agimos imediatamente a partir destas sensações, aí atua propriamente a natureza, e não nós como pessoas. E porque a natureza mesma nada precisa da virtude senão de suas consequências físicas, então ela é igualmente servida quando estas consequências físicas são acarretadas por algo que não a virtude. Como os seus fins são urgentes, a natureza também não pode esperar pela nossa formação moral (pois teria de esperar muito); por isso ela escolhe o caminho mais curto e mais seguro, e executa através da nossa força passiva aquilo *mesmo* que ela não pode com segurança esperar de *nós*, ou seja, de nossa força ativa. Em outras palavras: a natureza nos rege tanto por sensações morais quanto sentimentos sensíveis, e há milênios tem regido deste modo o gênero humano. Ela *pode* fazê-lo pois *lhe* importa apenas o efeito, e não o valor moral do nosso agir; ela *tem de* fazê-lo, pois não

[15]Hiperfísico, ou seja, supra-sensível.

pode suspender por muito tempo seus fins, até que a ajudemos a satisfazê-los a partir de um princípio.

[20] No entanto, Magnânimo Príncipe, não gostaria de ser entendido como se pensasse desdenhosamente de tudo aquilo que o homem não realiza a partir de um princípio, ou mesmo como se desejasse ver a sensibilidade moral banida do coração humano. Estou antes de tal modo longe deste paradoxo, que admiro como uma magnífica instituição da natureza esta bela capacidade do ânimo de ser afetado por ideias de ordem, harmonia e perfeição, e não posso nunca afeiçoar-me ao homem a quem ela falta. A sensibilidade moral é para mim a mola mais eficaz no grande relógio da humanidade; mas – tenho de acrescentar expressamente – também apenas no exterior do relógio, onde reina a necessidade natural, não no nosso si-mesmo interior, onde rege a liberdade. Não posso deixar de considerar o homem que a possui como um nobre ser *natural*, mas não posso atribuir nenhum mérito à sua pessoa por isso. Para tê-lo em grande estima como ser *racional*, antes tenho de ter me convencido de que ele agiria tão desinteressada, firme e corretamente, mesmo se estas virtudes não tivessem para ele o atrativo que efetivamente possuem, e o seu exercício lhe custasse tanto esforço como agora lhe proporcionam prazeres.

[21] Portanto, é incorreto fundar sobre as diferentes espécies de sensações que estão em jogo nas ações humanas uma distinção moral destas ações. O modo da sensação que lhes subjaz como o seu fundamento nunca é o que caracteriza uma ação como ética ou como não ética; pois o que acontece imediatamente a partir da sensação é simplesmente e acima de tudo físico e prescrito pela natureza. O sentido interno ou a faculdade de se afetar a si mesmo por pensamentos *especifica* o homem apenas como uma espécie animal racional e como um nobre ser sensível; mas apenas sua racionalidade, ou a faculdade de agir segundo o pensar puro, pode distingui-lo *genericamente* do animal. Embora o que lhe cause a sensação possa ser algo ainda tão espiritual, uma vez determinado por essa sensação ele se determina apenas

112 como um animal racional: pois chama-se de animal a tudo que age assim porque assim o sente.

[22] Sigo adiante em minha investigação, e peço novamente vossa indulgência, Magnânimo Príncipe, por causa do rumo dogmático que ela tomou.

[23] Assim como a ordem *física* do mundo visa apenas o elemento material do meu atuar, sem perguntar pela forma ou pelo fundamento de determinação do mesmo, assim a ordem *moral* do mundo leva em consideração apenas o último e abstrai inteiramente do conteúdo do meu agir para ater-se apenas à forma. Minha determinação natural era provar-me na conexão das forças como uma força e ser o fundamento de certas ações. Minha determinação racional é provar-me como uma força absoluta e independente, cuja ação não está fundada em nenhum padecer e sim resulta dela mesma de modo inteiramente livre, sendo pura autodeterminação.

[24] Aqui, portanto, na ordem moral do mundo, não está em consideração meu efeito e meu produto, e sim a causa produtora em mim, minha convicção. Minha determinação racional me personifica, pois a natureza me trata apenas como uma *coisa* e como um *meio* dela. O fim natural comigo segue através de mim e me ultrapassa; o fim da razão comigo encontra-se fixo em minha personalidade e faz de *mim* o seu ponto central.

[25] Como minha determinação racional traz necessariamente consigo que eu me determine por mim mesmo, independentemente das condições externas, sendo aqui, porém, inteiramente indiferente para esta minha determinação como minha ação se sai no mundo sensível, a natureza não pode mais prescrever-me minha atividade mediante sensações, e sim esta tem de fluir, de modo independente e livre, a partir de conhecimentos puros.

[26] Apenas onde ajo a partir do conhecimento puro, demonstro uma atividade absolutamente livre. Para poder sentir, tenho de colocar fora de mim algo pelo que meu estado é determinado; eu *careço*. Não é assim quando penso

ou conheço; pois embora nunca possa manifestar minha mais alta capacidade de pensar de outro modo senão numa matéria que enfim tem de vir sempre do exterior, ela não surge do material, e sim torna-se visível apenas no mesmo. O pensamento é uma operação que empreendo com um material de pensamento; a sensação é uma paixão que sofro de uma matéria. Portanto, se uma sensação me determina para o agir, o fundamento de minha atividade encontra-se *fora* de mim, e eu *recebo* a lei. Se, em contrapartida, um conhecimento me determina a agir, o fundamento de minha atividade encontra-se *em* mim, e eu me *dou* a lei. A sensualidade é, pois, um estado de dependência, a racionalidade é um estado de liberdade.

[27] E desta servidão da natureza devo me elevar para a dignidade dos espíritos, para a humanidade, para a divindade. Minha determinação ética exige simplesmente que eu seja capaz de abstrair de toda sensação tão logo a razão, como a suprema legisladora, o ordene. Mas sou um ser sensível desde muito antes de chegar a me conhecer como inteligência, e embora a razão em mim tenha moralmente a *prerrogativa*, a natureza em mim sempre tem fisicamente a *dianteira*. Antes que o espírito auto-ativo prove suas forças, o impulso consolida seu domínio. E, no entanto, tão logo o conhecimento moral desperta, devo abandonar meu longo hábito e contrapor uma força que nunca exercitei àquela que até então era a única atuante em mim. Ora, como encontrarei uma passagem desta dependência sensível para a liberdade moral?

[28] Se a habilidade que consegui no meu atuar sensível pudesse me ajudar em alguma coisa neste ato espiritual, ainda que apenas infimamente, se pudesse esperar aqui um auxílio da *natureza*, essa passagem não seria difícil. Mas a liberdade racional do agir existe justamente para que cesse toda influência da natureza e se abstraia inteiramente de tudo o que é sensível. Simplesmente não pode ser permitido à matéria imiscuir-se na legislação pura da razão, se o conceito de uma legislação pura não deve ser suprimido; por-

114 | tanto, não resta outra coisa para tornar possível uma passagem senão que a auto-atividade da razão participe nas ocupações da sensibilidade. Se o procedimento ético do ânimo não se deixa sensualizar, então o procedimento sensível tem de se deixar racionalizar. Numa palavra: se a matéria não pode e não lhe é permitido elevar-se ao espírito, nada resta senão que o espírito desça à matéria.

[29] É simplesmente necessário que o homem, onde cabe a ele legitimar-se como inteligência, demonstre auto-atividade pura; mas não é simplesmente necessário que, onde age como ser sensível, aja *apenas* como um tal ser e se comporte de modo meramente passivo. Ao contrário, tanto desonra o homem executar pela força passiva aquilo que deveria ter realizado pela força ativa, quanto o honra e o eleva fazer com o auxílio da força ativa aquilo que as almas comuns executam apenas pela passiva. Minha estima por um homem decai tão logo o vejo recorrer à ajuda de motivos materiais (mesmo que fossem razões religiosas) onde o dever fala de todo expressamente. Minha estima se eleva diante daquele que demonstra gosto onde um outro meramente satisfaz um carecimento.

[30] Portanto, o espírito auto-ativo tem de inaugurar sua eficácia em nós já no âmbito das sensações, e *insinuar* e colocar em exercício já nas realizações sensíveis uma força que deve se manifestar em seguida no âmbito moral em completa pureza. Podemos pois notar três diferentes épocas ou graus, se se quer, que cabem ao homem atravessar antes de ele ser aquilo para o que a natureza e a razão o determinaram.

[31] No primeiro nível ele não é nada senão uma força passiva. Ele sente aqui apenas o que a natureza fora dele quer deixar que ele sinta e se determina apenas conforme sente. Ele sente prazer porque uma matéria lhe é dada de fora, e desprazer apenas porque não lhe é dada ou porque lhe foi tomada. Ou bem *ele* se lança sobre os objetos e quer apoderar-se deles com desejo, ou bem os objetos se lançam hostilmente sobre ele, e ele os repele com horror. Nesta

opressiva dependência das condições naturais, o homem vegeta até que, no segundo nível, a contemplação o torna livre.

[32] A complacência da contemplação[16] é a primeira relação *liberal* do homem para com a natureza que o cerca. Se o carecimento agarra imediatamente o seu objeto, a contemplação afasta o seu na distância. O desejo destrói seu objeto, a contemplação não o toca. As forças da natureza, que antes penetraram de modo opressivo e angustiante nos escravos da sensibilidade, cedem pela contemplação livre, e é aberto um espaço entre o homem e os fenômenos. Se o rude devasso se regala com a visão de uma beleza feminina, então ele visa com isto sempre (ainda que não efetivamente, mas com certeza na imaginação) a posse, o gozo imediato. Se o homem de gosto se deleita nessa visão, basta-lhe assim a mera contemplação. Ele não quer nada do objeto mesmo, e satisfeito com a mera representação, permanece indiferente diante da existência do mesmo; ao menos seu contentamento nada tem a ver com esta última.

[33] Na verdade, comporto-me passivamente também nas sensações da beleza como em contentamentos inteiramente materiais na medida em que recebo do exterior a im-

[16]Trata-se da contemplação estética como uma contemplação desinteressada no exato sentido em que Kant a conceituou na *Crítica da faculdade do juízo*, § 2: "A complacência que determina o juízo de gosto é independente de todo interesse": "Chama-se interesse a complacência que ligamos à representação da existência de um objeto. Por isso, um tal interesse sempre envolve ao mesmo tempo a referência à faculdade da apetição, quer como seu fundamento de determinação, quer como vinculando-se necessariamente ao seu fundamento de determinação. Agora, se a questão é se algo é belo, então não se quer saber se a nós ou a qualquer um importa ou sequer possa importar algo da existência da coisa, e sim como a ajuizamos na simples contemplação (intuição ou reflexão). [...] Quer-se saber somente se esta simples representação do objeto em mim é acompanhada de complacência, por indiferente que sempre eu possa ser com respeito à existência do objeto desta representação. Vê-se facilmente que se trata do que faço dessa representação em mim mesmo, não daquilo em que dependo da existência do objeto, para dizer que ele é *belo* e para provar que tenho gosto. [...] Não se tem de simpatizar minimamente com a existência da coisa, mas ser a esse respeito completamente indiferente para em matéria de gosto desempenhar o papel de juiz" (B 5–7).

pressão tanto de uma como dos outros, e esta impressão me transporta ao estado de prazer. Mas recebo o prazer nesta impressão no objeto belo, não do exterior; não é a impressão material sobre a minha faculdade de sentir, e sim uma ativa operação interventora de minha alma, a saber, a reflexão sobre isso que me transporta ao estado de prazer. O contentamento material brota imediatamente da matéria que recebo, a complacência estética brota da forma que confiro à matéria recebida. Eu me deleito com o agradável porque isto me dá a oportunidade de *sofrer* algo; eu me deleito com o belo porque isto me dá a oportunidade de *fazer* algo.

[34] A complacência da contemplação livre me exercita assim para referir objetos não mais apenas ao meu estado físico e à minha força passiva, e sim imediatamente à minha razão, e para afetar minha faculdade passiva mediatamente através da ativa. Na verdade, comporto-me passivamente na medida em que sinto, mas sinto apenas porque fui ativo. Na verdade, recebo, mas não pelo mecanismo natural, e sim pela força pensante.

[35] Na complacência da contemplação livre inaugurei portanto minha racionalidade sem ter deposto minha sensualidade. Fiz a importante experiência de que sou mais e tenho mais em mim do que uma mera força passiva, e comecei a exercitar esta força superior. No começo eu não era nada senão um instrumento que o carecimento físico tocava. Como ele agia sobre mim, eu sentia; como sentia, desejava. Aqui, portanto, a causa e o efeito eram físicos. Agora, no segundo nível, eu mesmo me mesclo, como um princípio livre e como pessoa, no meu estado. Na verdade, ainda sofro, pois sinto, mas sofro porque agi. Aqui o efeito (sensação) é pois, na verdade, físico, mas não a causa dessa sensação. Não é uma matéria exterior, e sim uma matéria interior, uma ideia da razão, o que afeta minha faculdade de sentir. Mais um nível adiante e eu ajo porque agi, ou seja, quero porque conheci. Elevo conceitos a ideias e ideias a máximas práticas. Aqui, no terceiro nível, deixo a sensibilidade

totalmente para trás, e elevei-me à liberdade dos espíritos puros.

[36] (O dito comum, segundo o qual os extremos se tocam, tem também aqui sua inteira validade, pois tão logo abstraímos do seu conteúdo, ambas as disposições contrárias do ânimo, o estado da suprema dependência e o estado da suprema liberdade, seguem inteiramente a mesma regra. O homem totalmente sensual e o homem totalmente racional têm em comum que ambos se determinam *imediatamente*, aquele a partir da sensação, este a partir do conhecimento puro. A mesma rigidez com a qual a natureza dá ordens ao escravo dos sentidos, a lei ética[17] exerce para com a vontade moral; a mesma lassidão que o homem sensível se permite para com as leis dos espíritos, a razão ordena ao homem ético para com as leis da natureza. Com ou sem razão – tenho de fruir, diz a paixão. "Fiat justitia et pereat mundus",[18] diz o dever.)

[37] Através da faculdade de sentir o belo é pois tecido um laço de união entre a natureza sensível e a espiritual do homem, e o ânimo é preparado, a partir do estado do mero sofrer, para a auto-atividade incondicionada da razão. A liberdade dos espíritos é *introduzida* pelo belo no mundo dos sentidos, e a pura flama demoníaca[19] deixa (se me permi-

[17]"A lei ética é para Kant um fato da razão pura dado *a priori*; ela assim não está ligada a pressupostos ou condições, sendo, pois, também independente da aspiração subjetiva pela felicidade ou de outras inclinações. Cf. Kant, *Crítica da razão prática*, § 7 (Kant *AA* 5, 30)" [*NA* 26, 788–9].

[18]Faça-se justiça, ainda que o mundo pereça. "Segundo a tradição (entre outros, Julius Wilhelm Zincgref: *Apophthegmata*. Estrasburgo, 1626, p. 107), trata-se da divisa do Imperador Ferdinando I" [*NA* 26, 789].

[19]"O demoníaco deve ser interpretado em Schiller provavelmente como *medium* da inspiração espiritual que deixa atrás de si todas as condições sensíveis (cf. *NA* 21, 323). O conceito deriva do filósofo grego Sócrates (470–399 a. C.), que designava como demônio o deus no seu peito, cuja voz premonitória ele ouvia antes de decisões importantes. Diferentemente de Schiller, Goethe entendia como demoníaco um poder obscuramente atuante que 'não cessa pelo entendimento e pela razão' (a Eckermann, 2 de março de 1831) e que determina a peculiaridade individual, como que inevitável, da personalidade (cf. o poema de Goethe 'Urworte. Orphisch')" [*NA* 26, 789]. Rolf-Peter Janz, para quem

tis a metáfora) suas cores etéreas tocar aqui o espelho da matéria, como o dia as nuvens matinais.

[38] Lembro-me aqui de uma passagem de um poema meu, "Os artistas", que (não sei mais por que) foi sacrificada por uma outra. Ela pode permanecer aqui como uma ruína:

> Wie mit Glanz sich Gewölke malen,
> Und des Bergs besonnter Gipfel brennt,
> Eh sie selbst, die Königin der Strahlen,
> Leuchtend aufzieht an dem Firmament;
>
> Tanzt der Schönheit leicht geschürtze Hore
> Der Erkenntnis goldnem Tag voran,
> Und die Jüngste aus dem Sternenchore
> Öffnet sie des Lichtes Bahn.[20]

F. Schiller

"demoníaco" deve ser entendido no sentido de algo relativo ao espírito ("*geistig, spirituell*"), lembra que no ensaio "Sobre os limites necessários no uso das formas belas" Schiller se refere à liberdade da razão moral como a "liberdade do demônio" (*NA* 21, 27) e que em "Sobre o sublime" a "liberdade demoníaca" é aquela que já não mais se submete às necessidades físicas (*NA* 21, 46) Cf. F. Schiller, *Werke und Briefe*. 12 vols. Vol. 8: *Theoretische Schriften*, p. 1384.

[20]Como as nuvens se pintam de brilho, / e o cume ensolarado da montanha arde, / antes que ela mesma, a rainha dos raios, / se eleve resplandecente no firmamento; / em poucas veste a Hora da beleza dança / antes do dourado dia do conhecimento, / e a mais jovem do coro das estrelas / lhe abre o caminho de luz.

"Como já na carta a Friedrich Christian von Augustenburg de 13 de julho, Schiller também cita na presente passagem versos de uma versão inicial, não conservada, do seu poema 'Os artistas'" [*NA* 26, 789]. Cf. nota 17 àquela carta.

Provavelmente a 27 de novembro de 1793 Friedrich Christian comunicou a sua irmã Louise que recebera no último correio esta longa carta de Schiller e que ela a teria tão logo Schimmelmann a lesse. Descontente com o "anexo", questiona as premissas antropológicas de Schiller: "ele [o anexo] é muito especulativo e me afasto tanto dos seus princípios quanto dos seus resultados. Ele [Schiller] também tornou-se num daqueles que parecem esquecer que o espírito e a sensibilidade no homem podem bem ser separados na teoria, embora na realidade sempre se manifestem juntos; e que, portanto, todas as regras tanto para o gosto quanto para a eticidade, para a estética e a moral têm de estar dispostas para um ser assim composto, e poderiam facilmente falsas e não aplicáveis se forem cultivadas sobre o pressuposto das forças *puramente espirituais* no homem.

Pode ser que existam tais forças puramente espirituais no homem, mas em verdade não tenho nenhum sentido para as manifestações de tais forças puramente espirituais, e mesmo naquelas manifestações de nossas forças em que o espiritual é preponderante imiscui-se também a sensibilidade. Ela tem ao menos sempre parte nas mesmas em seu motivo e produção, pois nunca podemos depor em nós o homem sensível nem por um único instante." Cf. H. Schulz, *Schiller und der Herzog von Augustenburg in Briefen*. Jena: Eugen Diederichs, 1905, pp. 107–8. É desnecessário insistir em que as observações de Friedrich Christina ignoram precisamente o esforço de Schiller para depurar o idealismo transcendental de suas tendências ascéticas, restituindo ao homem pela força unificante do estético a dignidade de sua "natureza mista".

SCHILLER A FRIEDRICH CHRISTIAN VON AUGUSTENBURG

Ludwigsburg in Schwaben, 21 nov. 1793[1]

SERENÍSSIMO PRÍNCIPE!

[1] Antes que abandone a matéria de que comecei a tratar, permita-me provar também historicamente o que até aqui expus apenas teoricamente. Transporto-me em pensamento para o mundo primitivo e sigo a jovem humanidade nos seus primeiros passos para a humanização.

[2] O que era o homem antes que a arte formadora da alma lhe tocasse com a mão? O mais obstinado egoísta entre todas as espécies animais e, apesar de toda disposição para a liberdade, o mais dependente escravo dos sentidos. Ele cuidava apenas de si mesmo e nada apreciava senão o que acalmava seus rudes desejos. A bela natureza estendia em vão seu esplendor diante dele. Ele nada via nela senão uma presa sobre a qual podia lançar sua avidez. Ele a considerava apenas com o cobiçoso olhar de um ladrão quando ela lhe expunha sua riqueza, e apenas com o olhar servil de um criminoso quando ela deixava ver sua grandeza e poder em trovões, terremotos, inundações. Sem fazer uma escolha, ele ambicionava apenas a satisfação imediata. O impulso sexual era o único laço que o prendia a sua mulher, e a satisfação desse impulso a única exigência que lhe fazia. No seu vestuário, nos seus utensílios, na sua moradia ele olhava apenas pelo necessário. Uma caverna lhe bastava para proteger-se da ira de animais selvagens e das condições atmosféricas. Na falta desta, ele então fazia para si uma artificial de ramos de árvores ou pedras; por mais miserável ela

[1] In: *NA* 26, n° 209, 314–21.

122| pudesse resultar, já era suficiente para a necessidade. Tão obstinado ele se provava perante a impotência, tão temeroso estava perante poder superior. Tudo o que ele podia subjugar, reclamava como propriedade; tudo com o que seu vigor não ousava se medir era um ser hostil que estava armado contra ele; assim ele punha em tudo o que lhe acontecia o egoísmo mortífero que animava o seu próprio peito.

[3] Tão miserável nos afigura a humanidade no seu nível mais inferior. Assim encontramos os velhos Pelágios em Tucídides,[2] e os mais recentes descobridores do mundo[3] encontraram a descrição do grego confirmada em muitos povos do mar do sul e da Ásia do norte.

[4] Deixo este quadro deprimente para vos apresentar, Magnânimo Príncipe, um mais alegre. Que tipo de fenô-

[2] "Tucídides (ca. 460–396 a. C.) partiu em sua *História da Guerra do Peloponeso* de importantes testemunhos dos inícios da história grega; eles referiam-se também a uma temática folclórica. Os pelágios não são propriamente descritos em sua obra (I, 3; V, 109), e sim apenas brevemente apontados como os bárbaros habitantes originários da Grécia, depois que Homero designara a Tessália já como o 'Argos pelágio' banhado em lendas (*Ilíada* II, 681). Uma tradução da obra de Tucídides (na tradução de Johan David Heilman, Lemgo, 1760) encontrava-se na biblioteca de Schiller" [*NA* 26, 791].

[3] "Deve-se pensar aqui antes de tudo nas três viagens de descoberta de James Cook (1728-79), nas quais ele explorou, entre outras coisas, os arquipélagos do Pacífico. Na segunda dessas viagens aos mares do sul ele foi acompanhado em 1772-1775 por Johann Reinhold Forster (1729-1798) e seu filho Georg (1754-1794). Os relatos de viagem de ambos os Forster encontraram uma ampla difusão na Europa, particularmente a versão alemã da Viagem em torno do mundo (2 vols., 1778-1780) de Georg Forster. A Ásia do norte, expressamente mencionada por Schiller, foi objeto da História das descobertas e navegações no norte (1784), de Johann Reinhold Forster e dos empreendimentos, contudo, mais antigos de Vitus Bering (1680-1741), que entre 1725 e 1743 fizera várias viagens no mar de Kamchatka e na costa norte da Sibéria, e de Johann Georg Gmelin (1709-1755), que em 1733-1743 percorreu a Sibéria – em parte junto com Bering – e publicou uma Viagem pela Sibéria (4 vols., 1751-1752). Contudo, não há nada conhecido através de Schiller sobre uma leitura dessas obras amplamente difundidas de viagens de descobertas. Na biblioteca de Schiller encontrava-se antes a obra de Andreas Sparrmann, Viagem ao Cabo da Boa Esperança [...] nos anos de 1772 a 1776 (Berlim, 1784), referida predominantemente à África" [NA 26, 791].

meno foi este que a humanização iniciante anunciou nestas estirpes selvagens? Tantos anais históricos possamos consultar, trata-se em todos os povos do mesmo fenômeno: o amor pelo enfeite.[4]

[5] O selvagem deixa de contentar-se com o necessário; exige que ele possua uma qualidade a mais, e, na verdade, uma qualidade que já não satisfaz seu impulso animal, e sim um carecimento de origem melhor. Esta qualidade é o belo. Com certeza, belo apenas para o seu gosto bárbaro,

[4]"Uma observação correspondente encontra-se numa folha de Schiller possivelmente pertencente às preleções de estética de 1792–93 (*NA* 21, 89)" [*NA* 26, 791–2].

A referida observação, intitulada "Complacência no belo", é a seguinte:

"A complacência na forma pura, no belo, é um passo incrível que o homem dá; em nenhuma história da humanidade encontrei essa transição apontada.

Encontra-se na criança e nos povos primitivos, na verdade, uma inclinação para o ornamento e o enfeite, algo que vai além do carecimento, mas essa inclinação é totalmente apenas sensível, é o brilho das cores que atrai, é a vaidade que se distingue, é a riqueza que se vangloria. Por isso o selvagem pendura anéis no nariz e nas orelhas, se tatua, pinta os lábios e as unhas, se guarnece com pedras e penas coloridas, e mesmo com ossos e dentes. Mas em tudo isso (*von allem diesen ist kein*) não há nenhuma transição à complacência livre na configuração bela.

Dificilmente o homem teria procurado o belo se já não o tivesse encontrado pronto, sem procurá-lo. A natureza começa sempre com o feito. Em países onde a natureza produz configurações belas surge também a exigência do belo; o ideal que se traz em si forma-se segundo as impressões que se recebe. E em tais países onde a natureza leva a belas configurações, ela também cria organizações mais nobres. Aqui, onde o homem está cultivado de uma maneira mais bela, ele é também mais delicadamente sensível, mais receptível, mais rico em espírito. Aqui, portanto, o sujeito se encontra para o objeto e vice-versa. Tem-se aqui uma capaz forma de despertar e harmonizar (*stimmen*) o sentido. Tem-se aqui um sentido capaz de apreender a forma bela.

Das cabanas de palha e das tendas sujas de peles de animais, sob as quais o selvagem se arranja tão miseravelmente – à ordem das colunas gregas, aos templos e postiços, que passo!

O asseio

(O texto se interrompe aqui.)"

Cf. tb. *Fragmentos das preleções sobre estética do semestre de inverno de 1792–93*, § 2, Influência e valor do gosto, p. 37; I. Kant, *Crítica da faculdade do juízo*, § 41, B 163–4.

124| mas trata-se aqui não do *conteúdo*, e sim apenas da *forma do julgar*, e com esta aconteceu uma mudança. Ele já não mais se funda na sensação imediata e material, e sim na reflexão, na contemplação livre. Também o feio, ajuizado como belo, dá provas da atividade de uma faculdade mais livre, de uma complacência sem interesse dos sentidos, de um gosto iniciante, embora ainda tão grotesco.

[6] O belo do selvagem é sempre o estranho, o gritante, o garrido. Ele forma figuras grotescas, ama cores berrantes e uma música estridente. Mas como estas qualidades simplesmente não podem melhorar o seu bem estar material, tem-se de admitir que ele as refere à sua faculdade de pensar e não as aprecia porque sofre imediatamente algo agradável nisto, e sim porque elas o comovem mediatamente, como motivos para a atividade. Elas pertencem, pois, sem dúvida, em sentido subjetivo, à família do belo, por mais que, numa consideração objetiva, estejam excluídas dela. Elas comprazem o seu sentido interno, porque lhe dão a sentir uma atividade do entendimento.

[7] Agora o selvagem também começa a estar atento à impressão que ele causa aos outros. *Ele quer comprazer*. Já esta única emoção o torna um homem. Ele não poderia ter este carecimento se não tivesse começado a sair do estreito círculo da necessidade e a usar um outro padrão para o valor das coisas que não a referência à fruição sensível. Tudo o que ele possui ainda tem de satisfazer agora, ao lado da serventia para a qual existe, uma outra exigência. Tem de ser excelente e dar na vista; pois assim o primeiro gosto costuma se anunciar. Ele, que se contentava com o primeiro nível, começa a escolher, e o que o conduz nesta escolha é mais valioso que toda a sua existência anterior. Agora o antigo germano procura para si peles de animais mais belas, chifres mais pomposos, copos mais elegantes, e o caledônio

do norte[5] deixa circular em suas festas as conchas mais coloridas. Mesmo as armas agora não mais devem ser meros objetos de horror, e sim também de complacência. O rude grito campal começa a obedecer ao ritmo e a curvar-se ao canto.

[8] Não satisfeito em embelezar o mais necessário, o selvagem tornado homem faz do belo um fim já por causa da mera beleza, e quer ter certas coisas meramente por causa deste fim. Ele se enfeita. Os objetos do seu desejo aumentam, o número dos seus bens se multiplica até que as necessidades artificiais ultrapassem as naturais. A mera utilidade já é um limite demasiado estreito para suas ampliadas inclinações. Assim como ele orna os seus cabelos com plumas, seu pescoço com corais, assim como ele requinta com artifício até mesmo o seu próprio corpo e desfigura sua imagem natural, no propósito de embelezá-la, até o abominável, do mesmo modo introduz floreios e adornos em sua conduta social e em seus costumes, e se compraz em ir além da mera conveniência para satisfazer o impulso despertado conforme o livre contentamento. Por mais que todas estas primeiras tentativas, como afastamentos da simplicidade da natureza, caiam no aventureiro, no sem gosto e no absurdo, elas são porém assim justamente porque são afastamentos da natureza, efeitos de uma faculdade de formação (*Bildungsvermögen*) mais livre e, por isso, dignas de um grau de estima como o primeiro anúncio da liberdade da razão. Elas nos provam que o homem individual e o povo no qual as encontramos terminaram por vencer a época da total menoridade e do mero regime natural; que eles não são mais selvagens, e sim *bárbaros*;[6] pois selvageria é humanidade

[5] "Caledônia era o antigo nome para o norte da Britânia, particularmente para as Terras Altas da Escócia, habitadas pelos pictos, e que não foram ocupadas pelos romanos" [*NA* 26, 792].

[6] "Na Grécia antiga foram originalmente designados como bárbaros todos os povos incompreensíveis, não falantes do grego. Desde as guerras persas associou-se a isso a representação do rude, incivilizado e inculto. Em Schiller, o confronto do 'selvagem' e do 'bárbaro' retorna na 4ª carta de *Sobre a educação*

126| totalmente não desenvolvida, e barbárie, humanidade falsamente desenvolvida.

[9] Na relação entre ambos os sexos torna-se visível agora uma mudança muito vantajosa. Não é mais somente o ímpeto cego da natureza o que aproxima os sexos um do outro. Da mulher, exige-se atrativos; do homem, mérito, e a beleza é o preço da bravura. A liberdade se manifesta nas ocupações do instinto, e como, aliás, o instinto age totalmente sem escolha, esta manifestação de liberdade serve como prova infalível de que algo superior à natureza era atuante aqui.

[10] Também o trato social ganha um aspecto inteiramente diferente. Mais dependente das boas opiniões dos outros, porque deseja comprazer, o rude egoísta tem de domar o ímpeto dos seus afetos e respeitar a liberdade fora de si, porque quer comprazer à liberdade. Enquanto se encontra perante os outros apenas em relações físicas, pode ser apenas um objeto do impulso egoísta de conservação, nunca de um livre juízo estético. Ele tem pois de sair do hostil e belicoso estado de natureza e se transformar num objeto da contemplação desinteressada (*uneigennützigen*) e tranquila. Isto, porém, é possível somente porque ele mesmo se torna um fenômeno suave, porque não se põe diante dos outros como inimigo, porque não desperta de sobressalto o amor próprio deles através de uma impetuosa manifestação de força, enfim, porque não atrai os outros, como um astro hostil, ao torvelinho de sua *existência*, e sim os entretém, como uma estrela que brilha ao longe, enquanto mera e amena representação.

[11] Em parte alguma, porém, a benéfica mudança do modo de sentir se revela mais nítida do que na figura alegre e risonha que, depois do despertar do impulso da beleza,

estética do homem (cf. *NA* 20, 318; além disso, 'Os artistas', *NA* 1, 201–14, versos 103–15 e 165–6)" [*NA* 26, 792].

Cf. tb. Fragmentos das preleções sobre estética do semestre de inverno de 1792–93, § 2, Influência e valor do gosto, p. 37.

as religiões e os costumes assumem.[7] Temor é o espírito de toda adoração a Deus antes de o gosto colocar os ânimos em liberdade. É apenas o poder dela, pelo qual deuses e demônios se anunciam à idade pueril da humanidade; e para o escravo das necessidades tudo o que é poderoso é ao mesmo tempo terrível. Um medo servil é sua devoção, seu ofício divino é sombrio e não raro medonho. Mas assim como o sentido para a beleza desperta e o temeroso impulso de conservação não mais oferece única e exclusivamente o padrão do ajuizamento, assim melhoram também as representações dos deuses, e o homem começa a entrar numa relação mais nobre com os mesmos. Como não mais se arrojam sobre ele como meras forças naturais, assim ganha espaço para fixá-los com o tranquilo olhar da contemplação. Eles deixam cair as máscaras de fantasmas com as quais apavoraram sua infância e o surpreendem com uma imagem enobrecida deles mesmos. O monstro divino do Oriente,[8] que administrava o mundo apenas com o cego vigor do animal predador, restringe-se na fantasia grega à forma amigável da humanidade, e mesmo o pai dos deuses[9] tem de trocar sua pesada força de titã pela beleza para ganhar o gosto de

[7]"Para Schiller – também no espírito de Kant – 'a *religião*, mas não a *moral*, apresenta motivos de tranquilização para a nossa sensibilidade' ('Do sublime'; cf. *NA* 20, 181). A tarefa da religião, ou seja, proteger o homem do assalto dos impulsos sensíveis, ficava cada vez mais absorvida por uma filosofia da beleza, da educação estética, como se torna claro na presente passagem, onde ele apresenta como as religiões no seu desenvolvimento histórico acolheram em si momentos estéticos, o que também corresponde à intenção do poema 'Os deuses da Grécia'" [*NA* 26, 792].

Cf. tb. *Fragmentos das preleções sobre estética do semestre de inverno de 1792–93*, § 2, Influência e valor do gosto, p. 37.

[8]"Mais tarde Schiller escreveria: 'O monstro divino do Oriente' (*Sobre a educação estética do homem*, 25ª carta, cf. *NA* 20, 395). Permanece obscuro em qual das representações orientais de deus em figura animal Schiller pensou e como eram em detalhes seus conhecimentos de história da religião do Egito antigo, hindu e semítica, onde se encontram incontáveis tradições desse tipo" [*NA* 26, 792].

[9]Zeus.

128 um povo mais fino, o qual só a forma, e não mais a mera matéria, pode satisfazer.

[12] Assim, a rude natureza aos poucos se submete ao sereno poder da beleza, inicia o selvagem em sua transformação em homem e o ensina a tentar sua liberdade demoníaca também já em sua condição de escravo física. Mas seus efeitos benéficos não se limitam a espiritualizar as sensações e, através disto, preparar de longe a pura espiritualidade. Sua influência sobre esta última é ainda mais próxima e mais imediata, pois, mesmo em sua atividade absolutamente livre, nos assuntos do conhecimento e da escolha, ela ajuda o espírito contra a sensibilidade resistente, embora não se lhe possa permitir nenhuma participação positiva nestes assuntos.

[13] A investigação da verdade exige abstração e rigorosa conformidade à lei, perante o que a indolência e a arbitrariedade dos sentidos recuam tremendo. A tensão da faculdade de pensar é necessária para separar a forma, unicamente na qual a verdade está contida, da matéria. Portanto, para ganhar as faculdades sensíveis, que sempre se atêm à matéria, para a atividade pura da razão e vencer a resistência delas, é necessário converter de novo as formas em matéria, vestir as ideias com intuições e afetar a força passiva pelas operações da força ativa. Somente deste modo se pode obter um ganho mesmo na pura ocupação cognitiva da sensibilidade, e alternar o trabalho com a fruição, a tensão com a distensão, a atividade com a passividade.

[14] Isto é realizado pelo gosto na apresentação da verdade. No belo, a razão começa a mesclar sua conformidade à lei no jogo arbitrário da fantasia.[10] No belo, a fantasia e as faculdades de sentir começam a receber uma matéria mais

[10]"Com o conceito de jogo Kant visava o equilíbrio de processos sensíveis e espirituais; por exemplo, quando se lê: 'A comunicabilidade universal subjetiva do modo de representação num juízo de gosto [...] não pode ser outra coisa senão o estado do ânimo no jogo livre da imaginação e do entendimento [...].' (*Crítica da faculdade do juízo*, § 9; Kant *AA* 5, 217–8). Em Schiller o significado da palavra 'jogo' é nuançado, na medida em que a fantasia, o arbítrio, a

nobre da razão e a tornar-se interessadas pela atividade superior do ânimo. O belo não serve pois apenas para elevar os sentidos à faculdade de pensar e para transformar o jogo em algo sério; ele também ajuda, em contrapartida, a fazer com que a faculdade de pensar desça aos sentidos e a transformar o sério em jogo. O primeiro destes dois ganhos o gosto o merece da parte *sensível* do mundo; o segundo, da parte *pensante*.

[15] Como se sabe, quando fortes impulsos não dominam sua indolência natural, o homem é convidado ao pensar apenas através do estímulo da fruição, e esta fruição tem de fluir imediatamente de sua atividade mesma, e não das consequências desta. Estas esperadas consequências de sua atividade – sejam elas essencialmente decorrentes desta, como o conhecimento (*Einsicht*) decorre da reflexão, ou estejam casualmente ligadas com ela, como porventura o salário com o trabalho ou a fama com a habilidade – nunca podem servir a ímpetos universalmente eficazes, pois ainda permanece sempre problemático se temos uma representação delas, se temos a esperança disto e se atribuímos valor a isto. E assim, a expectativa de um tão grande bem, embora seja suficientemente atraente para nos estimular ao trabalho, não pode nos esconder a atual fadiga do esforço nem nos poupar do sentimento de uma coerção. Para que este sentimento seja completamente banido do ânimo, a fruição tem de alternar rapidamente com a tensão, de modo que a consciência mal possa distinguir entre ambos os estados. Um mestre na boa apresentação tem pois de possuir a

imaginação desprendida, entre outras coisas, entram no seu conteúdo (cf. *NA* 20, 191; 484; *NA* 21, 15). Ao mesmo tempo, porém, sempre são introduzidos contra-conceitos (por exemplo, submissão ao entendimento; conteúdo interno; forma acadêmica), como acontece na presente passagem com o postulado da 'conformidade à lei', de modo que o equilíbrio entre o 'sério' e o 'jogo' se torna diretamente um elemento constituinte do belo (cf. tb. o emprego deste conceito na 9ª carta de *Sobre a educação estética do homem*; *NA* 20, 334). Para o significado do conceito de 'impulso lúdico' em Schiller cf. tb. *NA* 21, 265" [*NA* 26, 792–3].

130 habilidade de transformar a obra da abstração instantaneamente numa matéria para a fantasia, converter conceitos em imagens, dissolver conclusões em sentimentos e esconder a rigorosa conformidade à lei do entendimento sob uma aparência de arbitrariedade.[11]

[16] Em pouquíssimos casos o entendimento atua *logicamente*, a saber, com nítida consciência das regras e princípios que o dirigem; de longe, na maioria dos casos, ele atua esteticamente, e como uma espécie de ritmo, como Vossa Alteza pode ver já pelo uso linguístico, que introduziu em todas as línguas a expressão *senso comum* (*Gemeinsinn*)[12]

[11]Sobre este problema, cujo tratamento se estende até o parágrafo 20, cf. a distinção entre a natureza das exposições *científica*, *popular* e *bela* em "Sobre os limites necessários no uso das formas belas" (*NA* 21, 3–27). Cf. tb. as cartas de Schiller a Fichte de 24 de junho de 1795 (*NA* 27, n° 166, 203) e 4 de agosto de 1795 (*NA* 28, n° 20, 19–22) a respeito do escrito de Fichte "Sobre espírito e letra na filosofia", que Schiller se recusara a publicar em *Die Horen*.

[12]"A palavra tinha dois significados diferentes no século XVIII. Sua acepção no sentido de espírito comum (*Gemeingeist*), da dedicação a uma coletividade (*Gemeinwesen*), hoje quase exclusivamente vigente, era antes secundária em face do emprego no sentido do entendimento universal, encontrável em cada um (lat. *sensus communis*, ing. *common sense*, fr. *sens commun*), ou seja, do assim chamado sadio entendimento humano, um conceito característico do Esclarecimento filosófico. Uma doutrina construída sobre esse conceito foi fundada pelo filósofo escocês Thomas Reind (1710–1796) com sua obra *Inquiry into the human mind on the principles of common sense* (1764). Com a recepção do conceito, Schiller referiu-se a Kant, em cujo pensamento a validade universal sem princípio objetivo é circunscrita mediante aquele conceito e vista como pressuposto de um juízo de gosto (cf. *Crítica da faculdade do juízo*, § 20; Kant *AA* 5, 237–8). Depois de uma minuciosa investigação do conceito, Kant chega mesmo a uma certa equiparação entre 'gosto' e '*sensus communis*' (*Crítica da faculdade do juízo*, § 40), quando ele afirma 'que o gosto, com maior direito que o sadio entendimento, pode ser chamado de *sensus communis*; e que a faculdade do juízo estética, antes que a intelectual, pode levar o nome de um sentido comunitário, se se quer usar a palavra sentido como um efeito da mera reflexão sobre o ânimo: pois aí se entende por sentido o sentimento de prazer. Poder-se-ia até definir o gosto pela faculdade de ajuizamento daquilo que torna o nosso sentimento *universalmente comunicável* numa representação dada, sem a mediação de um conceito.' (Kant *AA* 5, 295.) A afinidade da presente formulação de Schiller com as tentativas de definição de Kant é visível,

para este gênero de entendimento. Não como se a sensibilidade jamais pudesse pensar; o entendimento atua aqui igualmente como junto ao pensador formado segundo as regras da escola, só que as regras segundo as quais ele procede não são retidas na consciência, e, num tal caso, não chegamos a saber da operação mesma do entendimento, apenas do seu efeito sobre o nosso estado através de um sentimento de prazer ou desprazer. Antes de o ânimo ter tempo para ser o seu próprio expectador e se dar conta do seu procedimento, o sentido interno é afetado, a ação passa à passividade, o pensamento à sensação.

[17] O orador e escritor de gosto têm de *realizar* sua obra *para* este ritmo, não obstante agisse muito mal em *criá-la* apenas *mediante* um tal ritmo. Se, em contrapartida, ele a realiza também para o entendimento lógico, como a imaginou através do mesmo, impõe a cada um dos seus leitores ou ouvintes o trabalho da produção, o qual somente ele tivera de dever assumir, ele os detém por mais tempo que pode comprazer aos sentidos no coercitivo estado da abstração, enquanto retarda o estado bem mais querido da intuição e da sensação. Ele exerce assim uma espécie de violência contra elas e desagrada, pois ofende a liberdade.

[18] Não preciso acrescentar, Magnânimo Príncipe, que estão submetidas a esta lei do gosto apenas representações que visam o divertimento e a persuasão, mas não tais obras que são entregues expressamente ao exame rigoroso e devem causar convencimento. Estas últimas estão não apenas absolvidas de todas as exigências do gosto, como até mesmo conflita com o seu fim que sejam excelentes de um ponto de vista estético; porque o estado de fruição não é favorável ao exame, e um tratamento pleno de gosto esconde o mecanismo lógico sobre o qual todo convencimento filosófico sempre se funda. Assim, a crítica da razão de Kant seria manifestamente uma obra menos perfeita se fosse escrita

certamente com a ênfase, característica de Schiller, numa objetividade mais forte ou na permeabilidade a regras da formação do gosto" [*NA* 26, 793].

 com mais gosto.[13] Um tal escritor, porém, também não esperará razoavelmente que interesse a leitores que não compartilham com ele o seu fim.

[19] Em contrapartida, quem *quer* comprazer universalmente não perdoa nenhuma matéria, tem de respeitar a liberdade da fantasia, tem de ocultar o aparato lógico pelo qual conduz o entendimento do seu leitor. Se a apresentação dogmática progride em linhas retas e ângulos duros com rigidez matemática, a apresentação bela serpenteia avançando num livre movimento de ondas,[14] altera imperceptivelmente sua direção em cada ponto e retorna de modo igualmente imperceptível à mesma. O professor *dogmático*, poder-se-ia dizer, nos impõe seus conceitos; o *socrático* os tira de nós;[15] o orador e o poeta nos dão a oportunidade de criá-los com aparente liberdade a partir de nós mesmos.

[20] Assim como uma apresentação plena de gosto convida ao pensamento e ajuda a promover o conhecimento da verdade, porque ela mesma forma uma matéria para a sensibilidade a partir de conceitos abstratos, assim também o gosto ajuda a promover a *eticidade do agir* ao fazer com que as prescrições morais da razão concordem com o interesse dos sentidos e ao transformar o ideal da virtude num objeto da inclinação.

[13]"Schiller ajuizou em sentido semelhante a *Crítica da razão pura* de Kant na 6ª carta de *Sobre a educação estética do homem*, quando a apresentou como produto exemplar de uma 'unilateralidade no exercício das forças' que 'através da mais esforçada abstração armou o seu olhar para o incondicionado' (cf. *NA* 20, 327)" [*NA* 26, 793].

[14]"Já nas cartas sobre *Kallias* (cf. *NA* 26, nº 155) Schiller usara a linha ondulada como exemplo para uma forma bela" [*NA* 26, 793]. Trata-se da carta a Körner de 23 de fevereiro de 1793. Cf. *Kallias ou sobre a beleza*, p. 99.

[15]O mesmo motivo aparece na carta a Körner de 23 de fevereiro de 1793: "Boa é uma espécie de ensino em que se progride do conhecido ao desconhecido; ela é bela se é socrática, ou seja, se questiona as mesmas verdades a partir da cabeça e do coração do ouvinte. No primeiro, as convicções do entendimento são-lhe *exigidas* in forma. No segundo elas são-lhe *extraídas*" (*NA* 26, nº 155, 215; *Kallias ou sobre a beleza*, p. 98).

[21] Mas aqui, Magnânimo Príncipe, piso num terreno onde é tão perigoso como fácil dar um passo em falso, e onde me vejo pois obrigado a tomar um passo mais lento. Existem muitas cabeças pensantes que não querem saber de nenhuma influência do gosto sobre a eticidade,[16] e neste âmbito o temem muito mais do que dele esperam. Nas cartas seguintes terei a oportunidade de examinar seus motivos.

[22] Permito-me ainda apenas acrescentar o desejo de que o interesse de Vossa Alteza nestas conversas não queira reduzir-se justamente ao mesmo grau em que cresce o meu de prossegui-las.

Com a mais profunda devoção eu me prostro,
o mais humilde servidor
de Vossa Sereníssima Alteza,

F. Schiller

[16]"Já Alexander Gottlieb Baumgarten (1714–1762) partira da separação entre conhecimento sensível e racional e viu apenas o primeiro como o âmbito do objeto da estética. Isto continuou a ter efeito sobre Kant quando ele excluiu o juízo de valor estético do círculo do conhecimento objetivo (cf. *Crítica da faculdade do juízo*, §§ 34–35; Kant *AA* 5, 285–7), do que resultou para ele que entre a beleza e a eticidade existe apenas um relação indireta que é mediada pelo conceito de símbolo (*Crítica da faculdade do juízo*, § 59; Kant *AA* 5, 351–4)" [*NA* 26, 793–4].

SCHILLER A FRIEDRICH CHRISTIAN VON AUGUSTENBURG

Ludwigsburg, 3 de dezembro de 1793[1]

SERENÍSSIMO PRÍNCIPE!

[1] Com um sentimento mesclado de embaraço e coragem apanho hoje a pena. Tenho a responder a pergunta sobre *quanto a virtude ganha através do gosto*, e por isso temo incorrer num tom ainda mais sério e, para uma conversa escrita, ainda menos conveniente do que até agora. Contudo, lembro-me ao mesmo tempo a quem escrevo, e embora talvez a escolha do meu objeto de hoje devesse ofender o gosto delicado do homem do mundo, encontrarei um defensor tanto mais enérgico no coração do amigo da virtude e no amor à verdade do pensador filosófico, para quem nenhum objeto de investigação, quando menos este, é indiferente.

[2] Confesso já previamente que no ponto principal da doutrina dos costumes penso de modo perfeitamente *kantiano*.[2] Creio e estou convencido de que se chamam *éticas* somente aquelas nossas ações às quais somos determinados

[1]In: *NA* 26, n° 210, 322–33. Essa carta serviu de base para o artigo "Sobre a utilidade moral dos costumes estéticos" (*NA* 21, 28–37), publicado em *Die Horen*, no número de março de 1796. (Para uma tradução deste artigo, cf. R. Barbosa, *Schiller e a cultura estética*, pp. 55–67.) Schiller suprimiu os dois primeiros e os quatro últimos parágrafos dessa carta, as referências diretas ao Príncipe, modificando a redação numa série de passagens, mas não a substância do seu pensamento.

[2]"O ponto central da ética de Kant, com o qual Schiller começa a confrontar-se aqui, é o imperativo categórico e sua interpretação rigorística, que para ele fora particularmente acentuado no escrito de Kant *A religião dentro dos limites da simples razão* (cf. *NA* 26, n° 157 e *NA* 21, 325). Kant introduzira aqui uma nota referente a 'Sobre graça e dignidade' de Schiller e observara: 'Confesso de bom grado: que não posso associar ao *conceito do dever*, justamente

 apenas pelo respeito à lei da razão, e não por impulsos, por mais refinados que estes sejam e quais os nomes imponentes as acompanhem. Admito com os mais rígidos moralistas que a virtude tem de repousar pura e simplesmente sobre si mesma e que não cabe referi-la a nenhum outro fim diferente dela. Bom (segundo os princípios kantianos, que subscrevo inteiramente neste ponto) bom é o que acontece apenas porque é bom.

[3] Se pois atribuo ao gosto o mérito de contribuir para a promoção da eticidade, minha opinião não pode ser de modo algum e de que a participação do bom gosto numa ação possa torná-la numa ação ética. O ético jamais pode ter um outro fundamento que não ele mesmo. O gosto pode *favorecer* a moralidade da conduta,[3] como espero provar na

por causa de sua dignidade, nenhuma *graça*. Pois ele contém obrigação incondicionada, com o que a graça se encontra em contradição direta.' (Kant *AA* 6, 23)" [*NA* 26, 795].

A nota mencionada figura na segunda edição (1794). Cf. I. Kant, *A religião dentro dos limites da simples razão*, tradução de Rubens Rodrigues Torres Filho, in *Kant II*. Col. Os Pensadores, São Paulo: Abril, 1980, p. 276, nota 6. Kant fora alertado sobre o ensaio de Schiller por Johann Heinrich Biester, editor da revista *Berlinische Monatsschrift*, em carta de 5 de outubro de 1793. Sobre a primeira impressão de Schiller sobre o livro de Kant, cf. carta a Körner de 28 de fevereiro de 1793 (*NA* 26, 219–20; cf. *Kallias ou sobre a beleza*, pp. 108–9.); sobre sua satisfação com o comentário de Kant, cf. carta a Körner, Jena, 18 de maio de 1794, in *NA* 27, 1.

[3]"Com essa tese Schiller modifica de modo significativo a lei ética kantiana. Na *Crítica da razão prática* de Kant, a influenciabilidade da vontade no exercício do dever foi recusada com todo rigor: 'A *autonomia* da vontade é o único princípio de todas as leis morais e dos deveres que lhes são conformes: toda *heteronomia* do arbítrio não funda, em contrapartida, nenhuma obrigatoriedade, e sim é oposta ao princípio da mesma e à eticidade da vontade. [...] O direto oposto do princípio da eticidade está em se o [princípio] da felicidade *própria* é tornado em fundamento de determinação da vontade, no que se tem de computar em geral, como mostrei, tudo o que coloca o fundamento de determinação, que deve servir de lei, em qualquer parte que não forma legisladora da máxima. [...] O essencial de toda determinação da vontade pela lei ética é que ela, como vontade livre, portanto não apenas sem a colaboração de impulsos sensíveis, e sim mesmo com a recusa de todos os mesmos e com a suspensão de todas as inclinações, na medida em que pudessem ser contrários àquela lei, é

presente carta, mas ele mesmo nunca pode *produzir* algo moral através de sua influência.

[4] Aqui, no que diz respeito à liberdade interna e moral, trata-se inteiramente do mesmo caso relativo à liberdade externa e física. No último sentido, ajo livremente somente quando, independentemente de toda influência estranha, sigo apenas minha vontade. Mas a possibilidade de seguir ilimitadamente minha própria vontade pode por fim ser devida a um fundamento diferente de mim, tão logo se admita que este teria podido limitar minha vontade. Do mesmo modo, posso por fim dever a possibilidade de agir bem a um fundamento diferente de minha razão, tão logo este último é pensado como uma força que teria podido limitar minha liberdade do ânimo. Como se pode muito bem dizer, que um homem *recebe* a liberdade de um outro, embora a liberdade mesma consista na dispensa de se orientar de acordo com os outros; do mesmo modo pode se dizer que o gosto *auxilia* a virtude, embora a virtude mesma implique expressamente que não se recorra a nenhum auxílio estranho.

[5] Uma ação não deixa de modo algum de se chamar livre porque aquele que teria podido limitá-la felizmente nada faz; e isso tão logo apenas sabemos que o agente seguiu aqui meramente sua própria vontade, sem considerar uma vontade estranha. Do mesmo modo uma ação interna ainda não perde o predicado de uma ação ética porque felizmente faltam as tentações que teriam podido anulá-la; e isso tão logo apenas admitimos que o agente seguiu aqui meramente a sentença da sua razão, excluindo móbeis estranhos. A liberdade de uma ação externa baseia-se meramente sobre sua *origem imediata a partir da vontade da pessoa;* a eticidade de uma ação interna, meramente sobre a *determinação imediata da vontade pela lei da razão.*

determinada apenas pela lei.' (Kant, *AA* 5, 33, 35 e 72, respectivamente.)" [*NA* 26, 795].

138| [6] Permita-me, Vossa Alteza, que eu me estenda ainda mais sobre esta analogia. Pode se tornar mais difícil ou mais fácil para nós agir como homens livres conforme nos chocamos com forças que atuam contra nossa liberdade e que têm de ser coagidas. Nesse sentido, existem graus de liberdade. Nossa liberdade é maior, ao menos mais visível, quando nós a afirmamos por mais veemente que seja a resistência de forças hostis, mas ela não cessa quando nossa vontade não encontra nenhuma resistência, ou quando uma violência estranha se intromete e aniquila esta resistência sem a nossa interferência.

[7] O mesmo se passa com a moralidade. Pode nos custar mais ou menos luta obedecer imediatamente à razão, conforme se agitem em nós impulsos que estão em conflito com as suas prescrições e que temos de recusar. Nesse sentido, existem graus de moralidade. Nossa moralidade é maior, ao menos mais destacada, quando obedecemos imediatamente à razão, por maiores que sejam os impulsos no sentido contrário; mas ela não cessa quando não há nenhum estímulo contrário, ou quando algo diferente da nossa faculdade da vontade enfraquece estes estímulos. Enfim, agimos eticamente bem tão logo agimos meramente porque é ético e sem nos perguntarmos primeiro se é também agradável – embora também existisse a maior probabilidade de agirmos de outro modo se isso nos causasse dor ou nos privasse de um prazer.

[8] Para a honra da natureza humana, é possível admitir que nenhum homem pode descer tão fundo a ponto de preferir o mal meramente porque se trata do mal, e sim que cada um preferiria sem diferença o bom, porque é o bom, se não excluísse casualmente o agradável ou não acarretasse o desagradável. Toda imoralidade na realidade parece surgir, pois, da colisão do bom com o agradável, ou, o que chega a ser o mesmo, da apetição com a razão, e ter como fonte, por um lado, a *força* dos impulsos sensíveis e, por outro lado, a *fraqueza* da faculdade da vontade moral. A moralidade pode pois ser promovida de dois modos, assim como é im-

pedida de dois modos. Ou tem-se de fortalecer o partido da razão e a força da boa vontade, de modo que nenhuma tentação possa dominá-la, ou tem-se de romper o poder da tentação para que mesmo a razão mais fraca e a boa vontade mais fraca ainda lhe sejam superiores.

[9] Em verdade, poderia parecer como se a moralidade mesma nada ganhasse através da última operação, pois não acontece aqui nenhuma mudança com a vontade, cuja natureza (*Beschaffenheit*) unicamente torna moral uma ação. Isso porém não é de modo algum necessário também no caso tomado, onde não se pressupõe nenhuma má vontade que teria de ser mudada, mas apenas uma boa vontade que é fraca. E esta fraca boa vontade entra em ação por este caminho, o que talvez não tivesse acontecido se impulsos fortes a tivessem contrariado. Onde porém uma boa vontade torna-se o fundamento de uma ação, a moralidade existe efetivamente.

[10] Não tenho, pois, dúvida, Magnânimo Príncipe, em estabelecer o princípio, segundo o qual aquilo que promove verdadeiramente a moralidade é o que aniquila a resistência da inclinação contra o bom.

[11] O mais perigoso inimigo interno da moralidade é o impulso sensível, que, tão logo se lhe apresenta um objeto, anseia pela satisfação, e tão logo a razão lhe ordena algo ofensivo, contrapõe-se às prescrições dela. Este impulso sensível está incessantemente ocupado em atrair a vontade em seu interesse, que, no entanto, está sob leis éticas e tem sobre si a obrigatoriedade de nunca se encontrar em contradição com as exigências da razão. O impulso sensível não conhece porém nenhuma lei ética e quer ter realizado seu objeto através da vontade, pouco importa o que a razão possa dizer sobre isso. Esta tendência da nossa faculdade da apetição de dar ordens à vontade, imediatamente e sem qualquer referência a leis superiores, encontra-se em conflito com a nossa determinação ética, e é o mais forte adversário que o homem tem a combater no seu agir moral.

140| [12] Aos ânimos rudes, aos quais faltam ao mesmo tempo formação moral e estética, a apetição dá imediatamente a lei, e eles agem meramente como apetece (apraz, *gelüstet*) aos seus sentidos. Aos ânimos morais, aos quais, porém, falta formação estética, a razão dá imediatamente a lei, e é meramente pela consideração ao dever que eles vencem a tentação. Em ânimos esteticamente refinados existe ainda uma instância a mais, a qual não raro substitui a virtude, onde ela falta, e a facilita, onde ela está presente.

[13] Esta instância é o gosto.[4] O gosto exige moderação e decoro, detesta tudo o que é anguloso, duro, violento, e se inclina a tudo o que se reúne com leveza e harmonia. Que também na tormenta da sensação ouvimos a voz da razão e colocamos um limite aos ímpetos da natureza, é algo que exige de todo homem civilizado, como já se sabe, o bom tom, que não é outra coisa senão uma lei estética. Esta coerção que o homem civilizado se impõe na *manifestação* dos seus afetos lhe proporciona um grau de domínio sobre estes afetos mesmos, faz com que ele adquira ao menos uma habilidade de interromper o estado meramente passivo de sua alma por um ato de auto-atividade e de deter pela reflexão a rápida transição dos sentimentos às ações. Porém, tudo o que rompe a cega violência dos afetos ainda não produz em verdade nenhuma virtude (pois esta tem de ser sempre sua própria obra), mas abre espaço para a vontade se voltar para a virtude.

[14] Portanto, cabe ver o gosto como o primeiro combatente que, num ânimo esteticamente refinado, sai contra a rude natureza e, antes que a razão tenha necessidade de intervir como legisladora e de falar *in Forma*,[5] rebate este ataque.[6] Esta vitória do gosto sobre o rude afeto não é, po-

[4]"Com o pensamento do gosto como instância mediadora entre o impulso sensível e as pretensões da razão Schiller desaguça igualmente o rigor da ética de Kant" [*NA* 26, 795].

[5]Em latim no original.

[6]Essa frase foi suprimida no artigo "Sobre a utilidade moral dos costumes estéticos".

rém, de modo algum uma ação ética, e a liberdade que a vontade ganha aqui através do gosto ainda não é de modo algum uma liberdade moral. O gosto liberta o ânimo do jugo do instinto apenas na medida em que o conduz à *sua* prisão, e enquanto o gosto desarma o primeiro e manifesto inimigo da liberdade ética, não raro ele mesmo ainda permanece como o segundo que, sob a capa do amigo, pode ser apenas tanto mais perigoso. O gosto, a saber, também rege o ânimo apenas através do atrativo do prazer – de um prazer nobre, sem dúvida, pois sua fonte é a razão – mas onde o prazer determina a vontade, aí não há nenhuma moralidade, aí ocorreu meramente uma troca de grilhões.[7]

[15] No entanto, algo de grande foi ganho neste imiscuir do gosto nas operações da vontade. Todas aquelas inclinações materiais e rudes apetites, que frequentemente se contrapõem tão tenaz e tempestuosamente ao exercício do bem, estão expulsas do ânimo através do gosto, e no lugar delas foram plantadas inclinações mais nobres e mais suaves, que se referem a ordem, harmonia e perfeição, e embora elas mesmas não sejam virtudes, partilham *um* objeto com a virtude. Se pois agora fala o apetite, então ele tem de resistir a um rigoroso exame diante do sentido da beleza; e se agora fala a razão, e exige ações de ordem, harmonia e perfeição, então ela encontra não apenas nenhuma resistência, e sim antes a viva e ardente aprovação da natureza.[8]

[16] Se percorrermos as diferentes formas sob as quais a eticidade pode se manifestar, poderemos reduzi-las sem esforço às duas formas seguintes: ou a sensibilidade (a natureza) faz a *motion*[9] no ânimo[10] de que algo aconteça ou não aconteça, e a vontade dispõe sobre isto segundo a lei da

[7] O desfecho dessa frase ("aí ocorreu meramente uma troca de grilhões") não figura em "Sobre a utilidade moral dos costumes estéticos".

[8] No artigo "Sobre a utilidade moral dos costumes estéticos" lê-se "aprovação da inclinação" e não "aprovação da natureza".

[9] Em latim no original.

[10] A expressão "no ânimo" foi suprimida em "Sobre a utilidade moral dos costumes estéticos".

 razão; ou a razão faz a *motion* e a vontade a obedece sem a interpelação dos sentidos.

[17] A princesa grega Anna Komnena[11] nos conta de um rebelde preso que o pai dela, Alexis,[12] quando ainda era o general do seu predecessor,[13] teve o encargo de escoltar até Constantinopla. No caminho, enquanto ambos cavalgavam sozinhos, Alexis teve vontade de parar sob a sombra de uma árvore e restabelecer-se ali do calor do Sol. Logo o sono o venceu; apenas o outro, a quem o temor da morte que o esperava não lhe permitia descanso, permaneceu acordado. Pois bem, enquanto aquele se encontrava em sono profundo, este avistou a espada de Alexis, que estava pendurada num ramo da árvore, e caiu na tentação de se pôr em liberdade pelo assassinato do seu guarda. Anna Komnena dá a entender que não sabia o que teria acontecido se Alexis felizmente não tivesse acordado. Aqui, Magnânimo Príncipe, foi o caso de um litígio moral da primeira espécie, acima mencionada, onde o impulso sensível se manifestou primeiro e somente depois reconheceu a razão como juíza. Tivesse aquele vencido a tentação a partir apenas do respeito pela justiça, então não haveria nenhuma dúvida de que ele teria agido moralmente.

[18] Quando o saudoso Duque Leopold von Braunschweig,[14] às margens do caudaloso Oder, ponderou consigo

[11] "O episódio seguinte foi tomado aos *Acontecimentos memoráveis da vida do Imperador grego Alexis Komnenos*, de Anna Komnena, que aparecera na *Coleção universal de memórias históricas* (1ª parte, vol. 1 e 2, Jena, 1790), editada por Schiller, na tradução de Thomas Berling" [*NA* 26, 796].

[12] "Trata-se de Alexis ,I Komnenos de Bizâncio (1048–1118), imperador desde 1081" [*NA* 26, 796].

[13] "O antecessor de Alexis I foi Nicéforo III Botaniates, que desde 1078 era imperador bizantino e foi derrubado por Alexis em 1081" [*NA* 26, 796].

[14] "O Príncipe Maximilian Julius Leopold de Braunschweig e Lüneburg (1752–1785), general maior prussiano em Frankfurt an der Oder, afogou-se a 27 de abril de 1785 no Oder ao prestar socorro durante uma inundação. Sua irmã Anna Amália von Sachsen-Weimar-Eisenach ergueu em 1786 um monumento em sua memória no Tiefurter Park em Weimar. Goethe e Herder dedicaram poemas ao acontecimento" (cf. *NA* 24, 133 e 344) [*NA* 26, 796].

mesmo se devia abandonar-se, com perigo para sua vida, à turbulenta torrente, para que assim fossem salvos alguns infelizes que sem ele estavam sem socorro – e quando ele (introduzo aqui este caso) unicamente a partir da consciência deste dever, saltou no barco no qual nenhum outro quis subir, ninguém negará que ele agiu moralmente. O Duque encontrava-se aqui no caso oposto ao anterior. A representação do dever se deu antes, e somente depois o instinto de conservação se deu conta de combater a *motion* da razão.[15] Em ambos os casos, porém, a vontade se comportou do mesmo modo: ela seguiu imediatamente a razão, por isso ambos são morais.

[19] Mas ambos os casos ainda permanecem assim quando concedemos ao gosto influência sobre isso?

[20] Dado, portanto, que o primeiro, o qual foi tentado a praticar uma má ação e deixou de fazê-lo em respeito à justiça, tenha um gosto tão formado que tudo o que é infame e violento lhe desperta um horror que nada pode vencer, no momento em que o impulso de conservação persiste em algo vergonhoso, o mero sentido estético já o rejeitará – ele pois sequer chegará diante do fórum moral, diante da consciência (*das Gewissen*), e sim cairá já numa instância anterior. Pois bem, o gosto rege a vontade, mas apenas através de sentimentos, não de leis. Aquele homem se priva, pois, do agradável sentimento da vida salva, pois não pode suportar o sentimento adverso de ter cometido algo abjeto. Todo o assunto é pois tratado já no fórum da sensação e no âmbito da força passiva,[16] e a conduta desse homem, por legal que ela seja, é moralmente indiferente; um mero efeito belo da natureza.

[21] Dado então que o outro, ao qual sua razão prescreveu fazer algo contra o que o impulso natural se revoltou, tenha igualmente um sentido para a beleza tão excitável

[15]No artigo "Sobre a utilidade moral dos costumes estéticos" lê-se "prescrição" e não *motion*.

[16]O trecho "e no âmbito da força passiva" foi suprimido em "Sobre a utilidade moral dos costumes estéticos".

144| que tudo o que é grande e perfeito o encanta, então no mesmo momento em que a razão profere sua sentença também a sensibilidade passará para o lado dela, e ele fará *com* inclinação o que sem esta terna receptividade para o belo teria de ter conseguido *contra* a inclinação. Mas ireis por isso, Magnânimo Príncipe, considerá-lo menos perfeito que o primeiro? Certamente não, pois no segundo como no primeiro ele agiu de acordo com uma prescrição da razão; e que ele tenha seguido esta prescrição com alegria não pode prejudicar a pureza ética do seu feito. Ele é pois *moralmente* igualmente perfeito; *fisicamente*, em contrapartida, ele é *de longe* mais perfeito, já que é um sujeito muito mais adequado à [conforme a fins para a] virtude.

[22] O gosto oferece assim ao ânimo uma adequada [conforme a fins] disposição para a virtude, pois afasta os movimentos da natureza[17] que a impedem e desperta aqueles que lhe são favoráveis. O gosto não pode causar nenhum prejuízo à verdadeira virtude, embora em todos aqueles casos em que o impulso natural provoca o primeiro estímulo, já decide diante do seu tribunal acerca daquilo que senão a consciência teria de ter reconhecido, e portanto é a causa de que, entre os que são regidos por ele, se encontre muito mais ações indiferentes do que verdadeiramente morais. Pois a excelência dos homens não se baseia de modo algum na maior soma de ações morais, e sim na maior presteza do ânimo para poder praticar tais ações; sim, talvez na época do ideal satisfeito da eticidade ouvir-se-á falar tão pouco sobre moralidade e feitos morais quanto na idade de ouro da natureza e da infância, e quando muito apenas em casos extraordinários lembrar-se-á de que a razão, e não a inclinação, guia o leme.[18] O gosto, em contrapartida, pode ser

[17]No artigo "Sobre a utilidade moral dos costumes estéticos" lê-se "inclinações" e não "movimentos da natureza".

[18]Em "Sobre a utilidade moral dos costumes estéticos" o trecho final da frase ("quanto na idade de ouro... o leme.") foi suprimido e o início da frase reescrito nos seguintes termos: "Pois a excelência dos homens não se baseia de modo algum na maior *soma* de ações *rigorístico-morais isoladas*, e sim na maior

positivamente útil à verdadeira virtude em todos aqueles casos em que a razão provoca o primeiro estímulo e está em perigo de ser derrotada pela forte eloquência da natureza. Nestes casos, a saber, ele afina nossa sensibilidade em proveito do dever, e faz portanto que mesmo um grau menor de força de vontade moral esteja à altura do exercício da virtude. 145

congruência de toda a disposição natural com a lei moral, e não depõe muito a favor de um povo ou de uma época quando se ouve falar com tanta frequência sobre moralidade e feitos morais isolados; antes é permitido esperar que, ao final da cultura, se tal coisa se deixa em geral pensar, *falar-se-á* muito menos disso."

"O pensamento do moralizar vazio ou formal", observam os editores da *Nationalausgabe*, "foi retomado mais tarde por Schiller numa série de suas *Tabulae votivae*, particularmente em 'Tagarela moral', 'Minha antipatia' e 'O rigorista e o beato' (cf. *NA* 1, 296)" [*NA* 26, 796].

Moralische Schwätzer: Wie sie mit ihrer reinen Moral uns, die schmutzigen, quälen! / Freilich, der groben Natur dürfen sie gar nichts vertraun! / Bis in die Geisterwelt müssen sie fliehn, dem Thier zu entlaufen, / Menschlich können sie selbst auch nicht das menschlichste thun. / Hätten sie kein *Gewissen*, und spräche / die *Pflicht* nicht so heilig, / Warlich, sie plünderten selbst in der Umarmung die Braut. / [*Tagarela moral*: Como eles nos atormentam, a nós, os sujos, com sua moral pura! / Sem dúvida, à rude natureza nada podem confiar! / Têm de evadir-se até o mundo dos espíritos para fugir do animal, / Não podem fazer humanamente mesmo o mais humano. / Não tivessem nenhuma *consciência*, e não falasse o *dever* tão santamente, / Realmente, eles pilhariam a noiva mesmo no abraço.]

Meine Antipathie: Herzlich ist mir das Laster zuwider und doppelt zuwider / Ist mirs, weil es so viel schwatzen von Tugend gemacht. / "Wie, du hassest die Tugend"? – Ich wollte wir übten sie alle, / Und so spräche, wills Gott, ferner kein Mensch mehr davon. / [*Minha antipatia*: De coração o vício me repugna e duplamente me repugna, / Pelo tanto que se tagarela sobre a virtude. / "Como, tu odeias a virtude?" – Queria que a praticássemos todos, / e assim, queira Deus, em seguida nenhum homem falaria mais disso.]

Der Strengling und der Frömmling: Jener fodert durchaus, daß dir das Gute misfalle, Dieser will gar, daß du liebst, was dir von Herzen misfällt. Muß ich wählen, so seys in Gottes Nahmen die Tugend, Denn ich kann einmal nicht lieben, was abgeschmackt ist. [*O rigorista e o beato*: Aquele exige absolutamente que o bom te desagrade, / Este não quer que tu ames o que te desagrada de coração. / Tenho de escolher, assim seja em nome de Deus, a virtude, / Pois nem sequer posso amar o que é insípido.]

146 [23] Pois bem, se em nenhum caso o gosto prejudica a verdadeira moralidade, e em muitos, porém, é manifestamente útil, então *a* circunstância de que ele é vantajoso no mais alto grau à *legalidade*[19] de nossa conduta tem de receber um grande peso.

[24] Dado que a cultura do belo não poderia de modo algum contribuir para nos tornar melhor intencionados, ela nos torna ao menos hábeis para agir mesmo sem uma convicção verdadeiramente ética, como uma convicção ética o teria exigido. Pois bem, diante de um fórum moral, nossas ações só realmente importam na medida em que são uma expressão de nossas convicções; mas, justo ao contrário, diante do fórum físico e no plano da natureza nossas convicções só realmente importam na medida em que ocasionam ações pelas quais o fim da natureza é promovido.

[25] Pois bem, ambas as ordens do mundo, a física, onde forças governam, e a moral, onde leis governam, estão porém tão exatamente calculadas uma para a outra e tão intimamente tecidas entre si, que ações que, segundo sua forma, são moralmente [adequadas] conforme a fins, ao mesmo tempo encerram em si, pelo seu conteúdo, uma [adequação] conformidade a fins física; e assim como todo o edifício da natureza parece existir apenas para tornar possível o mais alto de todos os fins, que é o bem, assim o bem se deixa usar de novo como um meio para manter de pé o edifício da natureza. A ordem da natureza é tornada, pois, dependente da eticidade das nossas convicções, e não podemos violar o mundo moral sem ao mesmo tempo causar uma perturbação no mundo físico.

[19] "O conceito de legalidade foi circunscrito por Kant no seguinte sentido: 'O essencial de todo o valor moral das ações depende de *que a lei moral determine imediatamente a vontade*. Se a determinação da vontade acontece *conforme* a lei moral, mas apenas mediante um sentimento, seja ele de que tipo for, que tem de ser pressuposto para que aquele se torne um fundamento de determinação suficiente da vontade, portanto, não *por causa da lei*, então a ação conterá *legalidade*, mas não *moralidade*.' (*Crítica da razão prática*, Kant *AA* 5, 71.)" [*NA* 26, 796–7].

[26] Pois bem, se jamais cabe esperar da natureza humana – enquanto ela permaneça natureza humana – que ela aja, sem interrupção e recaída, uniforme e persistentemente como pura natureza espiritual, que nunca viole a ordem ética, bem como nunca se encontre em contradição com as prescrições da razão[20] – se em toda convicção (*Überzeugung*) temos de confessar, tanto da necessidade como da possibilidade da virtude pura, quão contingente é o seu exercício efetivo e quão pouco estamos autorizados a edificar sobre a inexpugnabilidade dos nossos melhores princípios – se nesta consciência do nosso falta caráter incerto nos lembramos que o edifício da natureza sofre através de todos os nossos tropeços morais – se nos recordamos de tudo isto, então a mais injuriosa temeridade seria deixar o melhor do mundo depender desta casualidade da nossa virtude. Disto resulta para nós antes uma obrigatoriedade de satisfazer ao menos a ordem física do mundo através do conteúdo de nossas ações, ainda que, no que toca à ordem moral, não o fizéssemos como se deve, isto é, através da forma das nossas ações – ao menos, como instrumentos mais perfeitos, de pagar ao fim da natureza o que nós, como pessoas imperfeitas, permanecemos devendo à razão, para não ficarmos reprovados com desonra em ambas as ordens do mundo[21] ao mesmo tempo. Se não quiséssemos tomar nenhuma medida para a legalidade de nossa conduta, por ela não ter nenhum valor moral, então todos os vínculos da sociedade poderiam estar dilacerados antes que estivéssemos prontos com os nossos princípios.[22] Quanto mais contingente é porém nossa mo-

[20]O trecho "bem como nunca se encontre em contradição com as prescrições da razão" foi suprimido no artigo "Sobre a utilidade moral dos costumes estéticos".

[21]Em "Sobre a utilidade moral dos costumes estéticos" lê-se "em ambos os tribunais" e não "em ambas as ordens do mundo".

[22]Em "Sobre a utilidade moral dos costumes estéticos" Schiller reescreve a conclusão da frase como se segue: "então a ordem do mundo poderia se dissolver e todos os vínculos da sociedade estarem dilacerados antes que estivéssemos prontos com os nossos princípios."

148| ralidade, tanto mais necessário é tomar medidas pela legalidade, e uma falta leviana ou orgulhosa desta última nos poderia ser moralmente imputada. Do mesmo modo que o louco, que pressente o seu próximo paroxismo, afasta todas as facas e se deixa prender voluntariamente para não ser responsável, num estado sadio, pelos crimes do seu cérebro destruído – do mesmo modo também nós estamos obrigados a nos prender nos intervalos livres através da religião e da virtude estética para que nossa paixão não se enfureça, nos períodos do seu domínio, contra a ordem do mundo.[23]

[27] Coloquei aqui, não sem intenção, a religião e o gosto[24] numa mesma classe, pois ambos têm em comum o mérito de servir de um sucedâneo da verdadeira virtude e

[23]A segunda metade da frase foi reescrita em "Sobre a utilidade moral dos costumes estéticos": "– do mesmo modo também nós estamos obrigados a nos prender pela *religião* e pelas *leis estéticas* para que nossa paixão não fira a ordem física nos períodos do seu domínio."

[24]"A paralelização de religião e arte e sua valorização como sucedâneos da eticidade não alcançada pelo puro cumprimento do dever encontra-se também nos fragmentos das preleções estéticas de Schiller (cf. *NA* 21, 69) e na carta de Schiller a Goethe de 17 de agosto de 1795 (cf. *NA* 28, 27–8 e 372–3)" [*NA* 26, 797].

A passagem das *Preleções* é a seguinte:

"Homens tomados individualmente e nações inteiras têm fundamentalmente apenas uma *virtude estética.*

Dado que a moralidade exige autonomia, como se pode enfrentar a objeção de que o gosto, mediante a influência de elementos materiais, falsifique a moralidade? Também a religião não contraria a resistência da faculdade sensível enquanto a ganha em proveito da eticidade?

O gosto unifica as faculdades superiores e inferiores do ânimo; ele chama a razão filosofante de volta das reflexões à intuição; ele oferece humanidade, ou seja, unifica no homem o ser natural com a inteligência e promove sua influência recíproca, de modo que a sensibilidade é enobrecida pela eticidade." (F. Schiller, *Fragmentos das preleções sobre estética do semestre de inverno de 1792–93*, p. 38.)

Na carta a Goethe de 17 de agosto, Schiller observa que o traço distintivo da religião cristã – do ponto de vista de sua ideia, mas nunca em suas manifestações históricas concretas – estaria na "*superação da lei* ou do imperativo kantiano, em cujo lugar o cristianismo quer ver colocada uma livre inclinação. Ele é, pois, em sua forma pura, a apresentação da *bela* eticidade e da encarnação do sagrado e, nesse sentido, a única religião *estética* [...]" (*NA* 28, 28). Cf. tb. R. Barbosa,

de assegurar a conformidade à lei das ações onde não se é de esperar a conformidade ao dever das convicções.[25] Embora aquele que *não tivesse* necessidade nem do atrativo da beleza nem da crença numa Providência e na imortalidade para se conduzir conforme o dever em todos os acontecimentos da vida ocupasse incontestavelmente uma alta posição na categoria dos espíritos, os conhecidos limites da humanidade obrigam mesmo o mais rígido ético a abrandar algo do rigor do seu sistema *ao aplicá-lo*, embora nada deva conceder ao mesmo *na teoria*, e ainda por segurança, fixar o bem-estar do mundo,[26] que estaria muito mal provido pela nossa virtude contingente, nas duas fortes âncoras da religião e do gosto.

[28] E na verdade, contanto que possa confiar em minhas experiências, ambos parecem se dividir no homem e na humanidade de *tal* modo que a religião abre os seus braços àquele em que a beleza está perdida. Onde nenhuma cultura estética abriu o sentido interno e aquietou o externo, e as sensações mais nobres do entendimento e do coração ainda não limitaram as necessidades comuns dos sentidos, ou nas situações em que também o maior refinamento do gosto não pode impedir o impulso sensível de insistir numa satisfação material – aí está a religião, que também indica um objeto ao impulso sensível e lhe assegura, aqui ou ali, uma indenização para as vítimas que ele tem de trazer à virtude. Neste caso, porém, estamos todos, mas apenas com a diferença de que o homem rude se encontra nele incessantemente, e o refinado, só momentaneamente.

Schiller e a cultura estética, pp. 51–2 e idem, "A especificidade do estético e a razão prática em Schiller", in *Kriterium*, 112, 2005.

[25]Em "Sobre a utilidade moral dos costumes estéticos" lê-se: "Coloquei aqui, não sem intenção, a religião e o gosto numa mesma classe, pois ambos têm em comum o mérito de servir para o efeito, embora não segundo o valor interno, de um sucedâneo da verdadeira virtude e de assegurar a legalidade onde não é de se esperar a moralidade."

[26]Em "Sobre a utilidade moral dos costumes estéticos" a alusão à Providência é suprimida. Lê-se também "razão" no lugar de "dever" e "bem-estar do gênero humano" no lugar de "bem-estar do mundo".

150 [29] Uma alma que começou a provar o prazer mais nobre pelas formas e a haurir sua fruição da fonte pura da razão, separa-se sem luta das alegrias comuns da matéria e se considera infinitamente indenizada pelas abstenções do sentido externo através dos prazeres do interno. Mas existe um caso em que todos nós, refinados ou rudes, voltamos sob a violência do instinto, e em que a natureza, apesar de toda arte, faz valer seus direitos.[27] Nenhuma cultura estética chega a um ponto tal que pudesse repelir o impulso natural também lá onde ele se defende pela *vida e a existência*. Tudo que o gosto pode é *transformar* o objeto das nossas apetições e *trocar* sensações mais grosseiras por mais finas. Assim, enquanto a razão, em sua legislação moral, exige apenas o sacrifício de sensações singulares, assim o gosto pode restituir ao sentido interno o que foi retirado ao externo; mas tão logo a razão reclama o sacrifício *da força mesma* e toca o fundamento último de todas as sensações, inclusive das espirituais, então o gosto não tem mais nada a compensar, pois ele – como uma faculdade sensível pela metade – se vê enredado no destino dos sentidos, e com a existência também o *seu* domínio se acaba. Onde cessa a faculdade das sensações, aí não é possível nenhuma troca das sensações, e tudo o que resta é reprimir o impulso que não mais podemos satisfazer. Porém, isto é possível apenas através da mais violenta de todas as abstrações e de uma manifestação de força das quais a natureza mista do homem mal é capaz. Para isto exigir-se-ia um salto do condicionado para o incondicionado e uma completa renúncia a tudo o que pertence à matéria em nós e se encontra sob condições naturais, portanto, à existência, à consciência e ao agir. Somente a forma pura da razão, envolvida em sua imutável identidade, permaneceria separada de toda matéria, e mesmo esta ideia do absoluto e do necessário seria incluída na perda geral, pois não pode ser pensada sem as condições do tempo e sem matéria. Como

[27]Como esclarece a *Berliner Ausgabe*, trata-se do caso da morte. Cf. "Sobre o sublime", *NA* 21, 38.

para esta operação do ânimo é exigida uma força de que são capazes apenas poucos homens, e estes poucos também apenas nos seus momentos mais felizes, assim faremos bem em ter preparadas para este caso extremo ideias religiosas, a fim de poder assegurar ao inexorável impulso de vida uma satisfação numa outra ordem das coisas. Devo dizê-lo francamente, Magnânimo Príncipe? A religião é para o homem sensível o que o gosto é para o refinado, o gosto é para a vida habitual o que a religião é para os momentos extremos. Contudo, num destes dois apoios, quando não de preferência em ambos, *temos* de nos segurar, na medida em que não somos deuses.

[30] Já um breve olhar sobre o atual estado moral do mundo confirma minha observação. Consideremos a massa do povo; sua religião é o contrapeso de suas paixões, onde nenhuma resistência externa rompe o seu vigor. O homem comum proibir-se-á apenas como *cristão* muito do que ele ter-se-ia permitido *como homem*. Se consideremos as classes mais finas, vemos que são *civilizadas* (*gesittet*), mas não *éticas* (*sittlich*). As leis do decoro, do bom tom e da honra podem unicamente dispô-las a deixar em paz os direitos que elas estão longe de respeitar. Onde o interesse seria uma rédea demasiadamente débil para elas, aí é apenas o gosto que nos garante a conformidade à lei de sua conduta. Não duvido de que em ambas as classes existam exemplos da verdadeira virtude, mas temo muito que pertençam às exceções e não à regra. Na França, um abalo agora ao mesmo tempo derrubou a religião[28] e abandonou o gosto ao embrutecimento, e falta muito para que o caráter da nação esteja

[28]"Em 1789, na França, os bens da Igreja foram estatizados e, em 1790, dissolvidos os conventos. Em 1793 a luta contra a Igreja foi aguçada. A abolição do calendário cristão e a introdução do calendário da Revolução a 5 de outubro (retroativa a 22 de setembro de 1792) e a abertura de uma campanha de descristianização que, entre outras coisas, foi exigida por Joseph Fouché numa disposição de 10 de outubro, publicada no *Moniteur* de 18 de outubro, e por um decreto de 5 de novembro sobre a instituição de festividades civis foram acontecimentos que Schiller provavelmente tinha em vista nessa passagem. A disposição de Fouché proibia cerimônias religiosas fora do espaço da igreja e

152| construído a ponto de privar-se destes apoios. O tempo ensinará o que acontecerá.

[31] É-me permitido, Excelentíssimo Príncipe, esperar pelo seu perdão por causa da franca guinada com a qual encerrei esta carta? Confesso que me importava mostrar-me inteiramente a vós também nesse ponto como sou, pois diante de pessoas que amo e respeito neste grau, gostaria de aparecer tão integral e abertamente como diante do meu próprio coração.

Na mais profunda devoção eu me prostro,

o mais humilde servidor e o mais grato venerador
de Vossa Sereníssima Alteza,
Friedrich Schiller.

ambicionava a secularização do funeral e dos cemitérios. Com uma 'Festa da liberdade e da razão', a 10 de novembro na Catedral de Paris, Notre-Dame, foi instituído um fechamento geral das igrejas. Primeiramente surgiu um culto à Revolução similar à religião, com a adoração de mártires da liberdade. Em seguida, Robespierre e Danton insistiram na liberdade de exercício da religião; ocorreu a separação entre Igreja e Estado. Mas as medidas já tomadas não foram revogadas" [*NA* 26, 797].

SCHILLER A FRIEDRICH HRISTIAN VON AUGUSTENBURG

[Dezembro de 1793][1]

Sereníssimo Príncipe!

[1] O sentido para o belo, como tentei apresentar na carta anterior, serve como apoio à verdadeira virtude e a substitui, onde ela falta, pela virtude estética. Esta virtude estética, embora não adquira para o homem nenhum valor no mundo moral, o torna sempre útil para o mundo físico, pois ela o torna capaz de uma conformidade-à-lei da conduta, sem a qual a natureza nunca poderia atingir o seu grande fim, que está direcionado para a unificação dos homens num todo. Mas os homens ainda não estão unificados em torno disso se não se encontram em dissensão uns com os outros, e a legalidade somente pode apenas impedir que a injustiça não dilacere o vínculo da sociedade. Para unificar estreita e verdadeiramente os homens é preciso ainda um vínculo positivo próprio, o caráter sociável, ou a comunicação das sensações e a troca de ideias.

[2] O mero carecimento já podia levar o homem à sociedade,[2] mas apenas o gosto à sociabilidade; pois já a privação

[1]In: *NA* 26, n° 213, 337–8. Os editores da *Nationalausgabe* observam que essa carta se liga imediatamente à anterior, de 3 de dezembro e que não haveria nenhuma outra entre ambas. No entanto, é provável que o Príncipe tenha respondido a Schiller na segunda metade de dezembro, a julgar por sua carta de 4 de abril de 1794 (*NA* 34 I, n° 300). Seja como for, essa carta não foi conservada nem chegou às mãos de Schiller, conforme se lê em sua carta ao Príncipe de 10 de junho de 1794 (*NA* 27, n° 8).

[2]"A esse pensamento corresponde o § 41 da *Crítica da faculdade do juízo* de Kant, onde se lê: 'Empiricamente o belo interessa apenas na *sociedade*; e se se admite o impulso à sociedade como natural ao homem, mas a aptidão e a

154| podia desenvolver sua dupla natureza, mas apenas a beleza unificá-las. Somente o gosto traz uma unidade harmônica à sociedade, pois funda uma unidade harmônica no indivíduo.

[3] A consideração pela comunicabilidade das sensações e ideias é, como se sabe, a primeira lei que o bom tom dita a todos os membros de uma sociedade civilizada. O bom tom bane tudo o que exclui. Ele exige que todos devem poder tomar parte sem distinção no que qualquer um concebe e no que qualquer um sente.

[4] Mas os prazeres dos sentidos, que se fundam na sensação imediata e numa causa material, e os prazeres contrários do entendimento puro, que se referem à abstração e às formas lógicas, têm em comum que nunca são capazes de uma comunicação universal. Aqueles porque se regulam por uma receptividade individual e por carecimentos privados, que são contingentes; estes porque não decorrem da disposição imutável e comunitária do entendimento, mas de uma aplicação e de um desenvolvimento particulares desta disposição, a qual é igualmente contingente e não pode ser pressuposta em cada um.

[5] Sustentar-se-ia muito mal uma sociedade mista do mundo civilizado (*gesitteten*) se se lisonjeasse meramente os sentidos com estímulos agradáveis. Pois, descontado o vazio de espírito de um tal regalo, nunca poder-se-ia estar seguro de que o gosto privado de um indivíduo da sociedade não detestaria o que dá prazer a outro, e, dado que pela variedade se conseguisse contentar a cada um, em verdade não poderia ser dito que um *compartilha* o prazer do outro, e sim

tendência para ela, ou seja, a *sociabilidade*, como exigência do homem enquanto criatura destinada à sociedade, logo, como qualidade pertencente à *humanidade*, então não se deveria também deixar de ver o gosto como uma faculdade de ajuizamento de tudo pelo que se pode comunicar mesmo o seu *sentimento* a qualquer outro, portanto como meio de promoção do que exige a inclinação natural de cada um.' (Kant *AA* 5, 296–7.) Para Kant, esse 'interesse empírico' possui, no entanto, apenas um significado indireto e nada tem a ver com o 'juízo de gosto *a priori*' (cf. *AA* 5, 297)" [*NA* 26, 803].

que cada um sempre apenas fruiria particularmente para si e sepultaria em si suas sensações. 155

[6] A mesma sociedade, porém, não estaria melhor satisfeita se fosse regalada com as mais profundas verdades da matemática, da metafísica ou da diplomacia, pois o interesse nestes objetos depende de conhecimentos e de um uso particular do entendimento que não pode ser esperado de todos os homens. O homem meramente sensual e o mero erudito em disciplinas são por isto sujeitos igualmente inaptos à conversação, pois ambos possuem igualmente pouca capacidade para estender seu sentimento privado ao universal e fazer seu o interesse universal.

APÊNDICES

SCHILLER A KÖRNER

Ludwigsburg, 3 de fevereiro de 1794[1]

[1] AINDA ESTOU vivo e o ominoso janeiro[2] passou; portanto, espero que ainda por um tempo. Há 14 dias também me encontro bem mais razoável do que nos dois meses passados, quando a tenacidade do meu mal me fez perder quase totalmente o meu ânimo. Não podia escrever a nenhum homem sobre a Terra[3] e nem mesmo a você; quão caro teria pago pela satisfação de lhe ver por apenas meia hora. Caso permaneça apenas como estou agora e o tempo permita, pensaria logo em março sobre minha viagem de volta para casa. Tão logo isso for de algum modo possível, viajaremos. Também voltarei a lhe dar notícias minhas mais de perto e tudo poderá retomar seu velho curso. Você talvez possa recuperar este ano a viagem projetada no ano passado, e assim tenho alegres expectativas no próximo verão. Minha mulher continua suportavelmente bem, e o pequeno[4] é como a vida. Ele agora já me proporciona extremamente muita alegria, e sua vivacidade me dá a esperança de que em seis a oito meses ele já fará traquinagens. Assim temos passado, e, portanto, melhor do que o meu longo silêncio talvez lhe deixou esperar.

[2] Em algumas semanas posso talvez lhe enviar cópia de uma parte das minhas cartas estéticas; como não via ne-

[1]In: *NA* 26, 341–6.

[2]A primeira crise de saúde de Schiller deu-se em janeiro de 1791. Nos anos seguintes, novas recaídas ocorreram no mesmo mês. Cf. *NA* 26, 810.

[3]A carta de Friedrich Christian de dezembro de 1793 foi uma das poucas exceções. Cf. *NA* 26, 810.

[4]Carl Friedrich Ludwig, o primeiro filho de Schiller, então com quase cinco meses de vida. *NA* 26, 811. Cf. carta a Friedrich Christian de 11 de novembro de 1793, nota 3.

nhuma possibilidade de poder aprontar para a feira da Páscoa mais do que um volume, então ainda não enviei nada para Göschen, e o manuscrito deverá ficar assim pelo menos ainda quatro meses na escrivaninha. Também ainda não avancei no que toca à matéria, embora as cartas prontas pudessem formar cerca de 14 cadernos impressos.[5] Ainda não comecei a tratar do conceito da beleza, e mesmo agora ainda não estou nesse ponto, pois apresentei primeiro uma consideração geral sobre o nexo das belas sensações com a cultura como um todo, e em geral sobre a *educação estética* da humanidade.[6] Em suma, nos 10 primeiros cadernos de minhas cartas a matéria do meu "Os artistas" está filosoficamente exposta. Estava empenhado em retificar os vacilantes conceitos sobre o belo da forma e os limites do seu uso no pensar e no agir, em investigar e afastar a razão de velhos preconceitos contra isto e tirar a limpo este objeto tão frequentemente ventilado e precisamente tão unilateralmente defendido quanto unilateralmente contestado. Penso ter atingido este fim, e pelo rigor com que trabalhei creio ter assegurado inteiramente a esfera própria do belo contra toda exigência que poderia ser feita futuramente contra isso. A partir da influência do belo sobre o homem chego à influência da teoria sobre o ajuizamento e a produção do belo, e investigo primeiro o que se tem a esperar de uma teoria do belo e particularmente o que se tem a prometer no que toca à arte produtiva (*hervorbringende Kunst*). Isto me leva naturalmente à produção, independente de toda teoria, do belo original pelo gênio.[7] Estou justamente neste ponto agora, e será bem difícil para mim entrar em acordo comigo sobre o conceito do gênio. Na *Crítica da faculdade do juízo* de Kant são feitos acenos muito significativos sobre isto, mas

[5]Na edição de *Die Horen*, as cartas "Sobre a educação estética do homem" ocuparam 10,5 cadernos *in octavo*. *NA* 26, 811.

[6]Até então, Schiller se concentrara neste problema em suas cartas a Friedrich Christian. *NA* 26, 811.

[7]Schiller se refere ao problema na carta a Friedrich Christian de 13 de julho de 1793, mas não o desenvolve. *NA* 26, 811.

eles não são ainda satisfatórios.[8] Talvez depois ainda encontre tempo para lhe comunicar brevemente o fio de minhas ideias.

[3] Se o gênio deu a regra através dos *seus* produtos, então a ciência pode reunir estas regras, compará-las e tentar saber se elas podem ser conduzidas a um princípio ainda mais geral e, por fim, a um único princípio. Como ela parte da experiência, ela possui também apenas a autoridade restrita das ciências empíricas. Ela pode levar meramente a uma imitação razoável de casos dados, mas nunca a uma ampliação positiva. Toda ampliação na arte tem de vir do gênio; a crítica leva apenas à ausência de erro. Pois bem, me sirvo aqui da oportunidade de deduzir a partir de princípios o que se deve esperar das ciências empíricas e de demonstrar a partir do modo pelo qual surge a ciência do belo o que ela está em condição de realizar. Determino, pois, inicialmente o método segundo o qual ela deve ser erguida e então mostro o seu âmbito e os seus limites.

Depois destes preparativos vou então à coisa mesma, e, na verdade, começo por decompor o conceito da bela arte em suas partes, cuja mistura resultou em tanta confusão na crítica. Estas duas partes são I. arte e II. bela arte. Como arte, a bela arte encontra-se sob regras *técnicas*, as quais não se pode confundir com as *estéticas*.[9] Todo produto das belas artes é sempre ao mesmo tempo a realização de um

[8]"Schiller apresentou uma determinação mais precisa do conceito de gênio somente no seu tratado *Sobre poesia ingênua e sentimental* (*NA* 20, 424–5). Kant partira da seguinte proposição na *Crítica da faculdade do juízo*: '*Gênio* é o talento (dom natural) que dá a regra à arte' (§ 46, *AA* 5, 307) e concluíra conforme a comparação analítica com a relação com o 'gosto' e com a 'faculdade do ânimo': gênio é a 'originalidade exemplar do dom natural de um sujeito no *livre* uso de suas faculdades de conhecimento' (*AA* 5, 318). Schiller aproveita esta exposição nas proposições que aqui se seguem. O encontro com Goethe, como mostra já a carta a Goethe de 23 de agosto de 1794 (*NA* 27, 26), proporcionou-lhe maior clareza sobre o aspecto criativo do conceito de gênio. As "Tabulae Votivae" aguçam mais uma vez essa problemática estética num grupo de epigramas (*NA* 1, 299–302)." *NA* 26, 811.

[9]Sobre a diferença entre o técnico e o estético, cf. "Sobre graça e dignidade"

162 fim objetivo, e a beleza no mesmo é meramente uma qualidade desta realização. Aquele fim *objetivo* o submete a determinadas regras que se deixam determinar tão facilmente como as regras das artes mecânicas. A observação *destas* regras, no entanto, pode proporcionar a uma obra da bela arte apenas o mérito da *verdade* (caso deva ser uma imitação da natureza) ou (caso deva ser conforme apenas a uma ideia e a nenhum produto da natureza, como, por exemplo, obras arquitetônicas) o mérito da *conformidade a fins objetiva*, da *utilidade*. No entanto, crê-se com muita frequência emitir um juízo do gosto, quando se julga apenas sobre esta perfeição técnica, e é por isso que se admitiu qualidades no conceito da beleza válidas apenas para a verdade e a utilidade. Mas se se dissocia o técnico do estético e se separa do conceito da espécie (da *bela* arte) o que diz respeito apenas ao conceito do gênero (da *arte* pura e simplesmente), está-se então no caminho correto para a descoberta das regras da beleza.

[4] Caso tenha descoberto por este caminho o conceito puro da beleza (que, no entanto, possui apenas autoridade empírica), então está dado com o mesmo também o *primeiro* princípio de todas as belas artes – como *belas* artes. Reconduzo o mesmo de novo à experiência e o sustento contra diferentes gêneros de exposição possível do qual os princípios particulares das belas artes individuais resultarão. Então será o caso de saber até que ponto quero entrar na teoria destas artes individuais.[10]

(NA 20, 256–9) e *Kallias ou sobre a beleza*, pp. 88–95 (*NA* 26, 206–12). NA *26*, 811–2.

[10]"Kant empreendera uma divisão das belas artes em 1) elocutivas, 2) figurativas e 3) artes do belo jogo das sensações (música e arte das cores) (*Crítica da faculdade do juízo*, § 51, *AA* 5, 320–5). No seu artigo 'Sobre o motivo do prazer em assuntos trágicos', elaborado ao final de 1791, Schiller já se afastara disto na medida em que distinguia entre as 'artes *belas*' e as 'artes *comoventes*' (*NA* 20, 136). A presente divisão parte de qual liberdade de condicionamentos físicos já se encontra nas artes individuais. Este pensamento é reaproveitado na 22ª carta de *Sobre a educação estética do homem*" (NA 20, 380–1). [*NA* 26, 812].

[5] Divido as mesmas *generaliter* de acordo com o seu *fim*, pois este determina as regras universais; eu as *especifico*, porém, de acordo com o seu *material* e a sua *forma*, pois disto resultam as regras particulares. A divisão principal é, pois: 1) em artes do carecimento (*des Bedürfnisses*) e 2) em artes da liberdade. Chamo de artes do carecimento a todas que elaboram objetos para um uso físico e em que este uso determina a forma do objeto. Toda forma, porém, permite uma beleza *própria*; pois nenhuma pode estar determinada tão agudamente pelo seu fim que ainda não fosse deixado aqui algo para a imaginação. Não há um único ofício que esteja excluído disto. Mas na medida que em todas as artes do carecimento ao menos alguma coisa está deixada para o gosto, elas merecem uma menção numa vista geral de todo o âmbito das artes livres. As artes do carecimento elaboram ou *coisas*, ou *pensamentos*, ou *ações*. Com as primeiras se ocupa a *arquitetura* no sentido mais amplo, sob a qual todos os móveis, revestimentos, arranjos etc. estão compreendidos; com o pensamento, a *eloquência*, com as ações, o *belo modo de viver* (die *schöne Lebensart*). Exceções não podem ser evitadas em nenhuma divisão, e elas se encontram também aqui. Tanto o artista arquitetônico como o orador e o homem atuante têm em certos casos apenas um fim estético, e assim os seus produtos pertencem à classe das belas artes propriamente ditas. Assim, por exemplo, a bela arquitetura dos templos, arcos triunfais etc., vasos etc., as belas decorações de cômodos – assim a dança, a arte de representar, a conversação.

[6] Chamo de artes da liberdade aquelas que têm como o seu próprio fim deleitar na livre contemplação (belas artes no sentido mais amplo).

[7] Toda bela obra de arte, porém, realiza sempre um duplo fim, e pelo modo como estes dois fins se comportam reciprocamente funda-se a subdivisão das belas artes. Toda obra da bela arte tem um fim objetivo que ela *anuncia* e que provê como que o seu corpo. O escultor quer imitar um homem, o músico quer expressar movimentos do ânimo se-

164| gundo a forma, o poeta que fazer justamente isto, segundo a matéria etc. Entretanto, toda bela obra de arte tem, ao mesmo tempo, o fim subjetivo (que ela silencia, embora seja com muita frequência o fim principal) de deleitar o gosto pelo modo como realiza aquele fim objetivo. O escultor satisfaz pela conformidade a fins objetiva (verdade da apresentação) o meu entendimento, pela conformidade a fins subjetiva (beleza), o meu gosto. O último, porém, faz dele um *belo* artista.

[8] Pois bem, a questão é se o fim objetivo está presente apenas por causa do subjetivo ou se ele, mesmo independentemente deste (da beleza), interessa o artista. No último caso, porém, o fim não tem de ser físico, mas também estético, pois senão o produto teria de ser contado entre as artes da liberdade.

[9] Sobre isso se funda a divisão das artes em belas artes (no sentido mais restrito), pois aqui tudo aponta apenas para a beleza, e em *artes do afeto*;[11] uma divisão da qual quero lhe prestar contas outra vez.

[10] O correio partirá imediatamente. Espero lhe escrever novamente logo. Mil saudações a todos,

Teu

S.

[11] Cf. 22ª carta de *Sobre a educação estética do homem* (*NA* 20, 382). *NA* 26, 812.

SCHILLER A ERNST VON SCHIMMELMANN

Jena, 13 de julho de 1793

Ilustre Conde,

Meu senhor,

[1] Finalmente sinto em mim coragem o bastante para aproximar-me de um homem a quem me liga um compromisso tão elevado e, o que aos seus olhos é sem dúvida ainda mais, que me arrancou o mais puro respeito pelo seu espírito e coração. Ao fiel e vivo dom de apresentação do meu bom Baggesen agradeço a confiança e a liberdade de espírito com a qual vos faço, excelente Conde, esta confissão. *Ele* vos tornou presente para mim, ele vos *apresentou* a mim; pois confesso que até agora vós éreis para mim apenas um grande e admirado nome ao qual não podia sobpor nenhuma imagem. Vós sabeis, porém, Senhor Conde, que diante da coisa esmorecida, que foge aos sentidos, a natureza humana antes pode tremer que confiar e sentir amor. Somente então, quando creio ter me apoderado da individualidade de um homem, eu o considero meu, e somente quando o considero meu e o tenho em mim posso abrir meu coração diante dele. Era-me totalmente impossível dirigir a palavra numa carta à incorpórea imagem de pensamento que esboçara de vós e elevava diante dos meus olhos com tímida veneração. Preferi silenciar-me, com o risco de não ser compreendido por vós por algum tempo, a ter sido capaz de ofender a beleza do vosso coração e a verdade do meu mediante asseverações gerais que não podiam ter nenhum valor, pois não teriam vigorado para o que vos é efetivamente próprio, e sim apenas para uma imagem onírica de minha fan-

166 tasia. Mesmo o nosso nobre Príncipe de Augustenburg só se aproximou do meu coração com liberdade senão quando me foi mostrado seu retrato em Dresden.[1] Permiti, excelente Conde, que me aproveite da mesma desculpa que até o mais rigoroso sábio não nega ao idólatra. Como se passa com este para com o seu Deus e a sua adoração de Deus, assim passou-se comigo para convosco e com meus sentimentos por vós. Ele não pode orar-lhe senão até que o tenha apreendido com os seus sentidos. Não pude descerrar meu coração frente a vós senão até que vossa imagem estivesse diante de minha alma.

[2] Essa imagem, Senhor Conde, tornar-se-á mais viva se vós quiserdes me permitir conversar ainda mais amiúde com a mesma, e um juízo indulgente de Vossa Excelência sobre a singularidade do meu silêncio (não quero dar-lhe nenhum nome mais duro) porá fim a este no mais belo todo.

[3] Permiti-me ao mesmo tempo, magnânimo senhor Conde, apresentar-vos um pequeno ensaio filosófico[2] cujo conteúdo reclama com muita proximidade vosso interesse e que eu, sob todos os aspectos, não poderia submeter a nenhum juiz mais competente do que a um Conde e (concedei-me acrescentar nessa oportunidade) e a uma Condessa Schimmelmann.[3] Se tive êxito em minha exposição, alegrar-me-ei com a vista que fiz em vossas almas.

[4] A emulação geral no mundo filosófico para investigar nosso conhecimento segundo princípios também me arrebatou e despertou em mim o esforço de procurar princípios semelhantes para os nossos sentimentos. A natureza do belo, que ainda permanece não totalmente desenvolvida, é

[1]Cf. carta de Schiller a Friedrich Christian de 11 de novembro de 1793, parágrafo 3.

[2]Trata-se de "Sobre graça e dignidade", do qual também Friedrich Christian recebera um exemplar.

[3]Charlotte von Schimmelmann (1757–1816). Entre 1795–96 correspondeu-se com Schiller e sua esposa, mas essas cartas não foram totalmente conservadas. Ernst e Charlotte von Schimmelmann foram padrinhos do segundo filho de Schiller, Friedrich Wilhelm, nascido a 11 de julho de 1796. Cf. *NA* 34.II, 746.

particularmente digna e carente de uma análise, e uma filosofia do gosto é uma tão encantadora ponte da arte à ciência. Ao mesmo tempo, tenho o propósito de, por esse caminho, reconciliar-me com a musa poética que, pelo meu abandono à histórica (o qual é uma verdadeira *queda*), ofendi grosseiramente. Caso consiga conquistar de novo o favor do Deus do poeta, espero depositar no seu templo os espólios que me apressei a fazer no reino da filosofia e da história, e me dedicar incessantemente ao seu serviço. Mas acho que o caminho de volta da investigação à exposição, da abstração ao entusiasmo é difícil, e não gostaria de aconselhar nenhum gênio da poesia a percorrê-lo. O entendimento, com seus conceitos, é uma testemunha incômoda no ato de criação poético, e a consciência dos perigos que se tem a vencer tira a confiança com a qual o gênio, em sua feliz cegueira, realiza justamente os maiores feitos.

[5] Mas estou a caminho de me deixar arrebatar por uma liberdade que não posso me permitir sem o bondoso acordo de Vossa Excelência. Até que uma animadora palavra de vossa parte tenha me autorizado a essa audácia, nada mais ouso acrescentar senão que no meu coração vivem profunda e ardentemente o respeito e a admiração com que sou

de Vossa Excelência

o mais grato

servidor FSchiller.

CONCORDÂNCIA

Cartas ao Príncipe de Augustenburg	Sobre a educação estética do homem
Carta 9 fev. 1793	
§§ 1–6 e 8 nenhuma corresp.	
§ 7 e carta de 13 de julho de 1793	1ª Carta
§ 1	§§ 1–3
§§ 2–4	§§ 4–5
	2ª Carta
§ 5	§ 1
§ 6: nenhuma corresp.	
§§ 7-8	§ 2
§§ 9–13	§§ 3–5
	3ª e 4ª cartas: nenhuma corresp.
	5ª carta
§ 14: nenhuma corresp.	§ 1: nenhuma corresp.
§§ 15–16	§ 2
§§ 17–20	§§ 3–5
§ 21: nenhuma corresp.	
	6ª carta: nenhuma corresp.
	7ª carta
	§§ 1–2: nenhuma corresp.
§ 22	§ 3
	8ª carta
§ 23	§§ 1-2
	§ 3: nenhuma corresp.
	§ 4–6: cf. carta de 11 de novembro de 1793, §§ 5-11

§ 24: cf. 9ª carta, § 1	
§§ 25–26	§ 7
	9ª carta
	§ 1: cf. carta de 13 de julho de 1793, § 24
§ 27	§2
§ 28	§§ 3–4
§§ 29–30: nenhuma corresp.	§§ 5–7: nenhuma corresp.
Carta de 11 de novembro de 1793	
§§ 1–4: nenhuma corresp.	
§§ 5–11: cf. 8ª carta, §§ 4–6	
§§ 12–15: nenhuma corresp.; § 13 cf. 23ª carta, § 3	
Anexo	10ª carta
§§ 1–2	§§1–2
	§§ 3–4: nenhuma corresp.
§§ 3–4	§§ 5–6
§§ 5–6: nenhuma corresp.	§7: nenhuma corresp.
	11ª e 12ª cartas: nenhuma correpondência; cf. Anexo, §§ 15-28
	13ª carta
	§§ 1–5: nenhuma corresp.
§§ 7–10	§ 6
	14ª e 15ª cartas: nenhuma corresp.
	16ª carta
	§§ 1–2: nenhuma corresp.
§§ 11-13 (cf. tb. §5)	§§ 3–4
§ 14: nenhuma corresp.	§ 5: nenhuma corresp.
§§ 15–28: cf. 11ª e 12ª cartas	
	17ª a 22ª cartas: nenhuma corresp.

	23ª carta
	§§ 1–2: nenhuma corresp.
	§ 3: cf. carta de 11 de novembro de 1793, § 13
	§§ 4–6: nenhuma corresp.
§§ 16, 29–30	§§ 7–8
	24ª carta
§§ 30–31 (e carta de 21 de novembro de 1793, §§ 2–3)	§§ 1–3
	§§ 4–9: nenhuma corresp.
	25ª carta
	§ 1: nenhuma corresp.
§ 32	§ 2
§§ 33–34: nenhuma corresp.	§§ 3–4: nenhuma corresp.
§ 35	§ 5
§ 36: nenhuma corresp.	§ 6: nenhuma corresp.
§ 37	§ 7
§ 38: nenhuma corresp.	
Carta de 21 de novembro de 1793	26ª carta
§ 1: nenhuma corresp.	
§§ 2–3: cf. 24ª carta, §§ 1–3	
	§§ 1–2: nenhuma corresp.
§ 4	§ 3
§ 5: nenhuma corresp.	§§ 4–14: nenhuma corresp.
	27ª carta
	§§ 1–3: nenhuma corresp.
§§ 6–10	§§ 4–7
§§ 11–22: nenhuma corresp.	§§ 8–12: nenhuma corresp.
Carta de 3 de dezembro de 1793	
§§ 1-2: nenhuma corresp.	
§§: 3–27: correspondem ao artigo "Sobre a utilidade moral dos costumes estéticos", publicado em *Die Horen* (fascículo 3, março de 1796; *NA* 21, pp. 28–37).	

§§ 28–31: nenhuma corresp.	
Carta de dezembro de 1793	
§ 1: nenhuma corresp.	
§§ 2–4	§ 10
§ 5: nenhuma corresp.	

TÍTULOS PUBLICADOS

1. *Iracema*, Alencar
2. *Don Juan*, Molière
3. *Contos indianos*, Mallarmé
4. *Auto da barca do Inferno*, Gil Vicente
5. *Poemas completos de Alberto Caeiro*, Pessoa
6. *Triunfos*, Petrarca
7. *A cidade e as serras*, Eça
8. *O retrato de Dorian Gray*, Wilde
9. *A história trágica do Doutor Fausto*, Marlowe
10. *Os sofrimentos do jovem Werther*, Goethe
11. *Dos novos sistemas na arte*, Maliévitch
12. *Mensagem*, Pessoa
13. *Metamorfoses*, Ovídio
14. *Micromegas e outros contos*, Voltaire
15. *O sobrinho de Rameau*, Diderot
16. *Carta sobre a tolerância*, Locke
17. *Discursos ímpios*, Sade
18. *O príncipe*, Maquiavel
19. *Dao De Jing*, Laozi
20. *O fim do ciúme e outros contos*, Proust
21. *Pequenos poemas em prosa*, Baudelaire
22. *Fé e saber*, Hegel
23. *Joana d'Arc*, Michelet
24. *Livro dos mandamentos: 248 preceitos positivos*, Maimônides
25. *O indivíduo, a sociedade e o Estado, e outros ensaios*, Emma Goldman
26. *Eu acuso!*, Zola | *O processo do capitão Dreyfus*, Rui Barbosa
27. *Apologia de Galileu*, Campanella
28. *Sobre verdade e mentira*, Nietzsche
29. *O princípio anarquista e outros ensaios*, Kropotkin
30. *Os sovietes traídos pelos bolcheviques*, Rocker
31. *Poemas*, Byron
32. *Sonetos*, Shakespeare
33. *A vida é sonho*, Calderón
34. *Escritos revolucionários*, Malatesta
35. *Sagas*, Strindberg
36. *O mundo ou tratado da luz*, Descartes
37. *O Ateneu*, Raul Pompéia
38. *Fábula de Polifemo e Galatéia e outros poemas*, Góngora
39. *A vênus das peles*, Sacher-Masoch
40. *Escritos sobre arte*, Baudelaire
41. *Cântico dos cânticos*, [Salomão]
42. *Americanismo e fordismo*, Gramsci
43. *O princípio do Estado e outros ensaios*, Bakunin
44. *O gato preto e outros contos*, Poe

45. *História da província Santa Cruz*, Gandavo
46. *Balada dos enforcados e outros poemas*, Villon
47. *Sátiras, fábulas, aforismos e profecias*, Da Vinci
48. *O cego e outros contos*, D.H. Lawrence
49. *Rashômon e outros contos*, Akutagawa
50. *História da anarquia (vol. 1)*, Max Nettlau
51. *Imitação de Cristo*, Tomás de Kempis
52. *O casamento do Céu e do Inferno*, Blake
53. *Cartas a favor da escravidão*, Alencar
54. *Utopia Brasil*, Darcy Ribeiro
55. *Flossie, a Vênus de quinze anos*, [Swinburne]
56. *Teleny, ou o reverso da medalha*, [Wilde et al.]
57. *A filosofia na era trágica dos gregos*, Nietzsche
58. *No coração das trevas*, Conrad
59. *Viagem sentimental*, Sterne
60. *Arcana Cœlestia* e *Apocalipsis revelata*, Swedenborg
61. *Saga dos Volsungos*, Anônimo do séc. XIII
62. *Um anarquista e outros contos*, Conrad
63. *A monadologia e outros textos*, Leibniz
64. *Cultura estética e liberdade*, Schiller
65. *A pele do lobo e outras peças*, Artur Azevedo

Edição _ Jorge Sallum
Co-edição _ Alexandre B. de Souza e Bruno Costa
Capa e projeto gráfico _ Júlio Dui e Renan Costa Lima
Imagem de capa _ E. Délacroix, *La liberté guidant le peuple*, 1830
Programação em LaTeX _ Marcelo Freitas
Consultoria em LaTeX _ Roberto Maluhy Jr.
Assistente editorial _ Janaína Navarro
Revisão técnica _ Oliver Tolle
Revisão _ Alexandre B. de Souza, Jorge Sallum
Colofão _ Adverte-se aos curiosos que se imprimiu esta obra nas oficinas da gráfica Bandeirantes em 15 de dezembro de 2014, em papel off-set 90 gramas, composta em tipologia Walbaum Monotype de corpo oito a treze e Courier de corpo sete, em plataforma Linux (Gentoo, Ubuntu), com os softwares livres LaTeX, DeTeX, VIM, Evince, Pdftk, Aspell, SVN e TRAC.